D1749793

Band 67

Schriften zum Notarrecht

Herausgegeben von der
Deutschen Notarrechtlichen Vereinigung e.V. (NotRV)

Herausgeber-Beirat

Notar Dr. Andreas Albrecht,
Landesnotarkammer Bayern

Prof. Dr. Walter Bayer,
Institut für Notarrecht an der Friedrich-Schiller-Universität Jena

Prof. Dr. Hans Christoph Grigoleit,
Forschungsstelle für Notarrecht der
Ludwig-Maximilians-Universität München

Notar Prof. Dr. Peter Limmer,
Institut für Notarrecht an der
Julius-Maximilians-Universität Würzburg

Prof. Dr. Joachim Münch,
Institut für Notarrecht der Georg-August-Universität Göttingen

Prof. Dr. Mathias Schmoeckel,
Rheinisches Institut für Notarrecht der
Friedrich-Wilhelms-Universität Bonn

Christian Baldus (Hrsg.)

Neues europäisches Kauf- und Digitalvertragsrecht

Herausforderungen für die notarielle Praxis

Im Auftrag der NotaReG
Redaktion: Sophie Hornbach

Nomos

Onlineversion
Nomos eLibrary

Die Deutsche Nationalbibliothek verzeichnet diese Publikation in
der Deutschen Nationalbibliografie; detaillierte bibliografische
Daten sind im Internet über http://dnb.d-nb.de abrufbar.

ISBN 978-3-7560-1603-7 (Print)
ISBN 978-3-7489-4522-2 (ePDF)

1. Auflage 2024
© Nomos Verlagsgesellschaft, Baden-Baden 2024. Gesamtverantwortung für Druck
und Herstellung bei der Nomos Verlagsgesellschaft mbH & Co. KG. Alle Rechte, auch
die des Nachdrucks von Auszügen, der fotomechanischen Wiedergabe und der Über-
setzung, vorbehalten. Gedruckt auf alterungsbeständigem Papier.

Vorwort*

Nachdem unsere letzten Veranstaltungen eher in Spezialbereiche des Privatrechts führten, sind wir heute wieder in dessen Kern, mit einem Thema, das von Anfangssemestern bis Praktikerinnen und Praktikern jeden interessieren muss: dem Kaufrecht. Freilich steckt der Teufel im Detail. Denn wenn wir unser heutiges Programm mit „Tagung zum reformierten Kaufrecht" überschreiben, dann ist das nicht ganz genau, und es wirken Prägungen fort, die früher schon problematisch waren, heute zum Teil geradezu irreführend sind.

Die erste und älteste dieser Prägungen ist die (meist stillschweigende) Annahme, der Kauf sei ein besonders typischer Vertragstyp, vielleicht gar ein besonders einfacher. Das war immer schon zweifelhaft, und seit 2002 ist es jedenfalls unter dem BGB falsch. Einfach war der Kauf deswegen nie, weil bereits seit römischer Zeit verschiedene Rechtsbehelfe, ursprünglich auch verschiedene Zuständigkeiten, miteinander konkurrierten und systematische Schwierigkeiten, also Rechtsunsicherheit, erzeugten.[1] Die Schuldrechtsreform von 2002 hat dieses Problem stark reduziert, aber auf Kosten des Kaufvertrages: Sie hat einige Elemente des Kauf- und des Werkvertrages in das Allgemeine Schuldrecht gezogen und mit der Nachbesserung ein typisch werkvertragliches Element dort verankert. Neben Kauf und Werkvertrag stehen die anderen Typenverträge, die sich meist nur dann verändern, wenn Richtlinien es erzwingen; man denke nur an das Verbraucherkreditrecht. Systematisch ist das nicht. Einfacher geworden waren die Dinge 2002 insoweit, als im Gefolge der Richtlinie 99/44/EG der subjektive Fehlerbegriff kodifiziert wurde. Freilich blieb in Gestalt des § 434 I 2 Nr. 2

---

* Die Form der mündlichen Einführung ist beibehalten. Zu danken ist allen Personen innerhalb und außerhalb der NotaReG, deren Einsatz die Veranstaltung möglich gemacht hat, namentlich Frau Assessorin Sophie Hornbach, die als Geschäftsführerin Organisation und Durchführung von Tagung und Drucklegung verantwortet hat. Wertvolle Unterstützung bei Korrekturen und Register leisteten Frau ref. iur. Maria Fillmann, Frau cand. iur. Constanze Koppers und Frau cand. iur. Emily Grüner (alle Heidelberg).

1 Hier sei der Hinweis auf *C. Baldus*, Binnenkonkurrenz kaufrechtlicher Sachmängelansprüche nach Europarecht. Zur Rolle des Richters bei der Koordinierung gesetzlicher Tatbestände, Baden-Baden 1999, gestattet.

BGB 2002 eine Hintertür für den objektiven Fehlerbegriff offen. Diese Tür hat sich mit der Umsetzung der beiden hier zu besprechenden Richtlinien weiter geöffnet, wie an § 434 I und III BGB 2022 deutlich abzulesen ist. Ob damit der Privatautonomie und der Rechtssicherheit gedient ist, darf gefragt werden, namentlich aus der Sicht eines Berufsstandes, der Rechtssicherheit durch privatautonome Vereinbarungen schafft. Und neue Richtlinien sind schnell wieder „altes Recht": Diese Woche hat sich das Europäische Parlament mit überwältigender Mehrheit für ein „Recht auf Reparatur" im Sinne einer Stärkung der Nachbesserung gegenüber der Nachlieferung ausgesprochen.[2]

Die Zweifel gehen aber noch weiter. Nur die Warenhandelsrichtlinie kann typologisch klar als kaufrechtlich eingeordnet werden. Die Richtlinie über digitale Inhalte abstrahiert hingegen von nationalen Typenmodellen. Sie muss dies tun, um alles zu erfassen, was erfasst werden soll; digitale Inhalte können auf unterschiedlichem Wege vom Anbieter zum Kunden kommen, fast immer aber bestehen Informationsasymmetrien; die Richtlinie muss es daher den mitgliedstaatlichen Rechtsordnungen überlassen, ihre je eigenen systematischen Konsequenzen zu ziehen.

Wie unterschiedlich solche Konsequenzen aus deutscher Sicht sein können, zeigen die Beiträge im GPR-Forum 2019; ebenso wie das GPR-Forum 2022, in dem die verwandte Frage behandelt wird, wie eigentlich unsere Lehre vom Dauerschuldverhältnis unter europarechtlichen Aspekten zu sehen ist.[3] Es geht also nicht nur um Kauf im hergebrachten Sinne. Das deutsche Recht kann freilich auf eine Typeneinordnung nicht gut verzichten, denn das gesamte Besondere Schuldrecht basiert auf dem Typenmodell. Dieses ist erfahrungsgemäß auch das Modell, das Studierenden den besten Zugang zum Schuldrecht ermöglicht: Wer einzelne Vertragstypen in den Grundzügen kennengelernt hat (und das dafür ideale Modell ist nicht zwingend der Kauf), dem sind die Kompliziertheiten des Allgemeinen Schuldrechts besser zugänglich, weil konkret vorstellbar. Das früher verbreitete Modell, zunächst nur den Kauf zu erklären, an diesem aber das gesamte Allgemeine Schuldrecht bis hin zu den Pathologien der so genannten Unmöglichkeit, muss nicht das didaktisch einfachste sein.

---

2 Vgl. einstweilen https://www.europarl.europa.eu/news/de/headlines/society/20220331STO26410/ recht-auf-reparatur-warum-sind-eu-rechtsvorschriften-wichtig.
3 GPR-Forum 2019: Neue Richtlinien, neue Vertragstypensystematik?, GPR 16 (2019) 258-262; GPR-Forum 2022: Dauerschuldverhältnisse, GPR 19 (2022) 106-109.

Wenn wir heute fragen wollen, wie die neueren Entwicklungen aus notarieller Sicht zu bewältigen sind, können wir gleichwohl „Kauf" über das Programm schreiben, denn das, was Parteien in diesem Feld praktisch wollen, ist typischerweise ein Kauf – vor dem Notar freilich in aller Regel ein Immobilienkauf. Auch dieses Geschäft ist aber von Veränderungen betroffen. Im Zusammenhang mit der Digitalisierung stellt sich beispielsweise die Frage, welchen Einfluss all die Einrichtungen haben, die man unter den Begriff *smart home* zu fassen pflegt. Und schon immer wurden Mobilien mit der Immobilie zusammen verkauft.

Warum interessiert all das akademisch? Es stellt sich namentlich die Grundsatzfrage, was der Gegenstand eines Rechtsgeschäfts mit den Wertungen zu tun hat, die in den einschlägigen Normen verschlüsselt sind. Strukturell ist es gleich, ob man einen Holzbesen, einen gewöhnlichen Staubsauger oder einen lernfähigen Reinigungsroboter kauft; bei der Frage nach Mängeln ging es traditionell und geht es bis zu einem bestimmten Punkt noch heute jeweils darum, was nur der Verkäufer wissen kann und worum sich hingegen der Käufer kümmern muss. Dies ist eine juristische Wertungsfrage. Dass der Holzbesen technisch simpler ist als der elektrische und erst recht als der elektronische Reinigungsknecht, ändert an dieser Frage nichts Prinzipielles. Termitenbefall am Besenstiel wird man im Regelfall nicht erwarten, kann ihn aber vermutlich auch als Laie erkennen; bei elektrischen Defekten und erst recht bei Softwarefehlern verhält es sich tendenziell umgekehrt. Das bedeutet aber nicht zwingend, dass die rechtstechnische Verschlüsselung der Wertung in allen drei Fällen in gleicher Weise erfolgen muss.

Es ist eine Frage der jeweiligen Rechtsordnung und Rechtskultur, ob sie lieber mit für alle Fälle gleich formulierten Normen und differenzierter Rechtsprechung arbeitet oder ob ihr ausführlichere Regelungen bereits auf legislativer Ebene lieber sind. Die populäre Klage über die endlosen neuen Paragraphen in bestimmten Teilen des BGB vergisst oder blendet aus, dass entsprechend komplizierte Judikatur nicht besser ist. Sie ist im Gegenteil schlechter, weil nur der Fachmann sie findet. Die Kompliziertheit mancher Richtlinien erklärt sich entsprechend – abgesehen von allfälligen politischen Kompromissen – daraus, dass nur eine gesetzliche Vorgabe und Umsetzung binnenmarkttauglich ist, nicht eine von Land zu Land unterschiedlich transparente Judikatur.

Und: Wir bewegen uns in einer rasanten technischen Entwicklung, von der wir nicht wissen, wohin sie führen wird. Letzteres ist zwar bei allen gegenwärtigen Entwicklungen so, aber unsere Unfähigkeit, Veränderungen unserer eigenen Umwelt belastbar einzuschätzen (einfach weil wir Zeitgenossen sind), wirkt sich umso stärker aus, je weniger die neuen Elemente aus irgendwelchen persönlich und rechtskulturell vertrauten Erfahrungen heraus beurteilt werden können. Die Rede von der immer weiter zunehmenden Beschleunigung ist durchaus selbst ein Topos und muss als solcher hinterfragt werden;[4] Signatur der Moderne ist aber, dass der Erwartungshorizont sich vom Erfahrungsraum ablöst,[5] und das wirkt sich auch auf die Brauchbarkeit von Rechtstraditionen aus. Die Frage ist nur, wo und wann genau eine solche Ablösung stattfindet und was das für unseren Umgang mit den Erfahrungen bedeutet, die sich in vertrauten Normstrukturen kristallisiert haben. Wir müssen sie jedenfalls hinterfragen, also historisch analysieren.

Ob auf diesem Wege irgendwann der Punkt erreicht sein wird, an dem wir werden sagen müssen: Auch die Wertung in dieser oder jener Kaufrechtsfrage verändert sich — das wissen wir nicht im Vorhinein. Wichtig ist nur eines: Wir müssen diese Frage juristisch entscheiden. Wir dürfen sie nicht Technikern überlassen. Wir müssen uns von ihnen die Technik erklären lassen, soweit es erforderlich ist, um deren Folgen zu verstehen. Aber die Entscheidung über alles Normative — Gesetze, Judikate, Akte privatautonomer Gestaltung — muss beim Gesetzgeber beziehungsweise bei Juristen bleiben. Digitalisierung darf kein Zauberwort sein, das Diskurse mehr verwirrt als bereichert, sondern sie muss im Einzelnen und unter der Herrschaft juristischer Wertung durchdekliniert werden.

Was fangen wir nun mit der deutschen Umsetzung an, die seit 2022 in Kraft ist? Unsere Referate umkreisen diese Frage zunächst von Genese und Zusammenhang der Regelungen her, dann mit Blick auf bereits erkennbar gewordene Probleme.[6] Zunächst wird über „Das neue Kaufrecht: Einführung und ausgewählte Grundfragen" mein Heidelberger Kollege Thomas

---

4 Dazu auch aus deutsch-französischer Perspektive *C. Bouton*, L'accélération de l'histoire. Des Lumières à l'Anthropocène, Paris 2022.
5 Die maßgeblichen Texte von *Reinhart Koselleck* hierzu in: *ders.*, Zeitschichten. Studien zur Historik (Frankfurt 2003); aus der Sekundärliteratur vgl. nur *S.-L. Hoffmann*, Der Riss in der Zeit. Kosellecks ungeschriebene Historik, Berlin 2023.
6 Die bisherige Diskussion ist in den einzelnen Beiträgen referiert. Unmittelbar vor der Tagung erschienen und zu einem zentralen Problem: *K. Grisse*, Welche Regeln gelten für in Sachen enthaltene oder mit Sachen verbundene digitale Produkte? Abgrenzung der §§ 327 ff. zum Verbrauchsgüterkaufrecht und Vergleich der Regelungssysteme, JZ 78 (2023) 1017-1027 mwN.

Pfeiffer sprechen, Vorsitzender der Zivilrechtslehrervereinigung und nicht nur aus verschiedenen einschlägigen Beiträgen seit den Zeiten der *Acquis Group* allseits bekannt.[7]

Diese europäische und deutsche Grundlage wollen wir dann rechtsvergleichend verbreitern, nämlich für einige Nachbarrechtsordnungen, die auch die hiesige Praxis interessieren. Dafür konnten wir einen Kollegen gewinnen, der eine Heidelberger Vergangenheit[8] hat und jetzt in Innsbruck lehrt: Herr Professor Laimer wird Umsetzungsmodelle und Umsetzungsdivergenzen in Österreich, Frankreich und Italien erläutern. Österreich geht gerade in Verbraucherrechtsfragen oft eigene Wege, die besser zu kennen durchaus im Interesse deutscher Rechtswissenschaft und Praxis läge; Frankreich ist der maßgebliche Nachbar im Westen, und in Italien verbinden sich viele Einflüsse in hochentwickelter Dogmatik zu oft kreativen Lösungen.

Nun betreiben wir Rechtsvergleichung in Europa nicht nur, um kompromissfähige Normtexte zu finden, sondern auch deswegen, weil die verbindliche Auslegung des Unionsrechts durch den Gerichtshof ebenfalls auf den komparatistischen Befund schaut; anders formuliert: Allein aus Deutschland auf Luxemburger Entwicklungen zu schauen, heißt eine durchaus eingeengte Perspektive wählen. So wird uns Herr Dr. Kraus, Referent im Kabinett des Heidelberg seit langem verbundenen Richters Csehi, sagen, was am Gerichtshof bereits an Verfahren eingegangen ist (wenig), vor allem aber, auf welche Elemente und Linien der bisherigen Rechtsprechung wir blicken müssen, wenn wir wissen wollen, was für Fälle zu den neuen Richtlinien *mutatis mutandis* bedeutsam sein kann.[9]

Nach der wohlverdienten Mittagspause wollen wir all das auf die aktuelle Situation in Deutschland herunterbrechen. Es freut mich sehr, dass Herr Vizepräsident des OLG Zweibrücken a.D. Petry uns instanzgerichtliche Judikatur aus Rheinland-Pfalz vorstellen wird, wiederum unter dem Aspekt denkbarer Kontinuitäten zwischen altem und neuem Recht — zugleich stell-

---

7 Der Vortrag erscheint gesondert abgedruckt in BWNotZ, voraussichtlich 2024. Vgl. *T. Pfeiffer*, Die Umsetzung der Warenkauf-RL in Deutschland – Beobachtungen zu Sachmängeln und Aktualisierungspflicht, GPR 2021, 120-128.

8 *S. Laimer*, Die Feststellung der Geschäfts- beziehungsweise Testier(un)fähigkeit: Frankreich, Italien, Österreich, Deutschland, Rabels Zeitschrift für ausländisches und internationales Privatrecht (RabelsZ) 77 (2013) 555-591.

9 Der Referent konnte wegen vorrangiger Luxemburger Dienstpflichten seine Schriftfassung für den Druck nicht aktualisieren. Die NotaReG dankt umso mehr für den instruktiven mündlichen Vortrag.

vertretend für das, was Richter auch in Baden-Württemberg und anderen Bundesländern beschäftigt.

Erste praktische Erfahrungen von der linken Rheinseite gibt es nicht nur in Deutschland, sondern auch in Frankreich, wo das neue Recht auf ein ganz anders strukturiertes Zivilrechts- und Gerichtssystem trifft — eines, dessen Bedeutung für den Luxemburger Blick auf sämtliche Materien in Deutschland fortwährend unterschätzt wird. Dazu werden wir bereits einen ersten und vergleichenden Zugang aus dem Vortrag von Herrn Laimer haben, die besonders wichtige Innenperspektive aber werden wir dann von Herrn Kollegen Ringot-Namer, Université de Lorraine, bekommen, und zwar (wie Sie dem aktualisierten Programm entnehmen)[10] ebenfalls mit Schwerpunkt auf der auch für Deutschland zu stellenden Frage, inwieweit Rechtsprechung zu den Vorgängernormen fortwirken wird.

Bei dieser Gelegenheit darf ich der französischen Partneruniversität für die Finanzierung der Verdolmetschung danken und die im Publikum anwesenden Teilnehmerinnen und Teilnehmer aus Nancy besonders begrüßen: Auch fragen können Sie gern auf Französisch, es wird hin und her übersetzt, und es entspricht deutscher Universitätstradition, dass Studierende nicht stumm sind wie angeblich die Fische, sondern fragen, wenn sie etwas nicht verstehen oder vertieft sehen wollen. Dumme Fragen gibt es nicht.

Ins Zentrum der notariellen Praxis sollen uns dann, solcherart umfassend vorbereitet, die beiden letzten Vorträge führen. Digitale Produkte in notariellen Verträgen wird Herr Kollege Schmidt-Kessel, Bayreuth, beleuchten; ich sage nicht zuviel, wenn ich darauf hinweise, dass die Reintegration des Verbraucherprivatrechts in ein modernisiertes deutsches Zivilrechtsdenken, und zwar in konsequent europäisch-vergleichender Perspektive, ein Thema ist, für das sein Name seit über dreißig Jahren steht. Entsprechend hat er den Entstehungsprozess der beiden Richtlinien von Anfang an begleitet und wird auch die Frage ansprechen, wo digitale Produkte in Immobilienverträgen zwischen Unternehmen besonderer Aufmerksamkeit bedürfen.

Und am Ende steht, anstelle eines *rapport de synthèse*, natürlich nicht „der Grüneberg", sondern „der Herrler": Es ist mir eine besondere Freude, Sie endlich hier begrüßen zu dürfen! In Ihrem Vortrag „Das reformierte

---

10 La Directive 2019/771 du 20 mai 2019 relative à certains aspects concernant les contrats de vente de biens et l'expérience française antérieure = Die Warenkaufrichtlinie und das frühere französische Recht.

Kaufrecht in der Gestaltungspraxis" wird sich all das bündeln, was uns heute beschäftigen wird.

Das Schlusswort wird dann kurz sein und — abgesehen von wenigen „roten Fäden" aus den Referaten — namentlich technische Fragen, etwa zu der zeitnah angestrebten Publikation, betreffen.[11]

Damit kann ich das Wort an die Moderatoren übergeben: Wiederum haben meine Vorstandskollegen Dr. Andrea Stutz und Dr. Thomas Raff sich freundlicherweise bereiterklärt, diese Aufgabe zu übernehmen, sodass der akademisch informierte notarielle Blick alles umfasst — und der straffe Zeitplan strikt gewahrt bleibt. Wir wollen Zeit für die Diskussionen haben, und was an Fragen, Anregungen und Gedanken in die Diskussionszeit nicht passt, das findet Raum bei Mittagspause, Kaffeepause und Empfang.[12]

Christian Baldus

---

11 Auf einen Abdruck wird verzichtet.
12 Anstelle eines Diskussionsberichts: Die Referenten waren gebeten, die wesentlichen Inhalte der Diskussion in die jeweilige Schriftfassung einfließen zu lassen. Tagungsbericht: *M. Fillmann*, Tagung zum reformierten Kaufrecht der Forschungsstelle für notarielle Rechtsgestaltung der Universität Heidelberg in Kooperation mit der Université de Lorraine am 24.11.2023, BWNotZ 2024, 16-19.

Inhaltsverzeichnis

Simon Laimer
Umsetzungsmodelle und Umsetzungsdivergenzen: Österreich,
Frankreich, Italien   15

Ulf Petry
Instanzgerichtliche Judikatur aus Rheinland-Pfalz   35

Constantin Ringot-Namer
La Directive du 20 mai 2019 relative à certains aspects concernant
les contrats de vente de biens et l'expérience française antérieure   55

Martin Schmidt-Kessel
Digitale Produkte in notariellen Verträgen
– Überlegungen zum Grundstückskauf –   75

Sebastian Herrler
Das reformierte Kaufrecht in der notariellen Gestaltungspraxis   95

Register   123

Umsetzungsmodelle und Umsetzungsdivergenzen: Österreich, Frankreich, Italien

Simon Laimer

Abstract: Der Beitrag stellt die Umsetzung der Warenkauf-Richtlinie (2019/771/EU) und der Digitale Inhalte-Richtlinie (2019/770/EU) in das österreichische, das französische und das italienische Recht nebeneinander. Bei der Gegenüberstellung der Umsetzungsmodelle dieser drei Nachbarrechtsordnungen Deutschlands zeigen sich viele Parallelen, gleichwohl aber auch teils ganz wesentliche Divergenzen, die auf die Öffnungsklauseln in den an sich vollharmonisierend ausgestalteten Richtlinien zurückzuführen sind.

Autor: Dr. *Simon Laimer*, LL.M. (Heidelberg); Universitätsprofessor für Bürgerliches Recht und Rechtsvergleichung am Institut für Zivilrecht der Universität Innsbruck; Forschungsschwerpunkte: Bürgerliches Recht (insbesondere Allgemeiner Teil und Schuldrecht), Verbraucherrecht, Internationales Privatrecht sowie Rechtsvergleichung

I. Einleitung

Zwei Jahrzehnte nach der Reform des (Kauf-)Gewährleistungsrechts durch die Verbrauchsgüterkauf-Richtlinie[1] hat der Unionsgesetzgeber mit der Warenkauf-Richtlinie (WKRL)[2] und der Digitale-Inhalte-Richtlinie (DIRL)[3]

---

1 Richtlinie 1999/44/EG des EP und des Rates vom 25. Mai 1999 zu bestimmten Aspekten des Verbrauchsgüterkaufs und der Garantien für Verbrauchsgüter, ABl L 1999/172, 12. Vgl. etwa *A. Schwartze*, Die zukünftige Sachmängelgewährleistung in Europa – Die Verbrauchsgüterkauf-Richtlinie vor ihrer Umsetzung, ZEuP 2000, 544.
2 Richtlinie (EU) 2019/771 des Europäischen Parlaments und des Rates vom 20. Mai 2019 über bestimmte vertragsrechtliche Aspekte des Warenkaufs, zur Änderung der Verordnung 2017/2394/EU und der Richtlinie 2009/22/EG sowie zur Aufhebung der Richtlinie 1999/44/EG, ABl L 2019/136, 28. Siehe hierzu etwa *C. Aubert de Vincelles*, Nouvelle directive sur la conformité dans la vente entre professionnel et consommateur. À propos de la directive 2019/771/UE du 20 mai 2019, JCP 2019, 758; *F. Addis*, Spunti esegetici sugli aspetti dei contratti di vendita di beni regolati nella nuova direttiva (UE) 2019/771, Nuovo dir. civ. 2020, 5; *B. Zöchling-Jud*, Das neue Europäische Gewährleistungsrecht für den Warenhandel, GPR 2019, 115.
3 Richtlinie (EU) 2019/770 des Europäischen Parlaments und des Rates vom 20. Mai 2019 über bestimmte vertragsrechtliche Aspekte der Bereitstellung digitaler Inhalte und digitaler Dienstleistungen, ABl L 2019/136, 1. Dazu etwa *C. Zolynski*, Contrats de founiture de contenus de service numériques. À propos de la directive (UE) 2019/770/UE du 20 mai 2019, JCP 2019, 1181; *C. Camardi*, Prime osservazioni sulla

nicht nur den Regelungsrahmen für den „klassischen" Verbraucherkauf erneuert, sondern auch einen (vollharmonisierenden)[4] zivilrechtlichen Rahmen für den digitalen Konsumentenmarkt geschaffen.[5]

Dabei sind die angebotenen digitalen Inhalte und Dienstleistungen,[6] wofür der österreichische Gesetzgeber den Oberbegriff „digitale Leistungen" gebildet hat,[7] im praktischen Marktgeschehen ausgesprochen vielfältig. Zugleich finden sich verschiedene Entgeltmodelle für die digitalen Dienste, zumal die Leistungen entgeltlich im klassischen Sinn, aber auch – wie es im österreichischen Umsetzungsgesetz heißt[8] – durch „Hingabe von personenbezogenen Daten" vergütet werden können.[9] Selbst wenn es für diese digitalen Leistungen daher nicht den „einen" spezifischen Vertragstypus gibt,[10] so lässt sich gleichwohl festhalten, dass die digitalen Inhalte und Dienstleistungen auf der Grundlage eines schuldrechtlichen Vertrages

---

direttiva (UE) 2019/770 sui contratti per la fornitura di contenuti e servizi digitali. Operazioni di consumo e circolazione di dati personali, Giust. civ. 2019, 499; *K. Sein/G. Spindler*, The new Directive on Contracts for the Supply of Digital Content and Digital Services (Part 1), ERCL 15 (2019) 257. Zum Gesetzgebungsprozess *J. Stabentheiner*, Hintergründe und Entstehung der beiden Richtlinien und die Bemühungen der österreichischen Ratspräsidentschaft um Konsistenz und Vereinfachung, in: J. Stabentheiner u.a. (Hrsg.), Das neue europäische Gewährleistungsrecht (2019), S. 1 ff.

4 Art. 4 WKRL; Art. 4 DIRL. Vgl. *S. Pagliantini*, A partire dalla dir. 2019/771 (UE): riflessioni sul concetto di armonizzazione massima, Nuovo dir. civ. 2020, 11.

5 Siehe hierzu *J. W. Flume/P. Poneder*, Das neue europäische Gewährleistungsrecht für die *digital economy*, in: S. Laimer/C. Perathoner (Hrsg.), Regulierung digitaler Geschäftsmodelle, Berlin/Heidelberg (erscheint 2024); vgl. *J. Stabentheiner*, Die Entstehung und die Konzeption des neuen Gewährleistungsrechts, in: J. W. Flume u.a. (Hrsg.), VGG – Verbrauchergewährleistungsgesetz, Wien 2022, S. 1; *W. Hoffmann-Riem*, Recht im Sog der digitalen Transformation (2022) passim.

6 Französisch: *contenus et services numériques*; italienisch: *contenuti e servizi digitali*.

7 Vgl. hierzu *J. W. Flume/H. Ziegler* in: J. W. Flume u.a. (Hrsg.), VGG – Verbrauchergewährleistungsgesetz, Wien 2022, § 1 VGG Rn. 24.

8 § 1 Abs. 1 Z. 2 lit. b VGG.

9 Zu anderen, vom klassischen Entgeltbegriff abweichenden Formen der Gegenleistung siehe etwa *G. Kogler*, Digitale Leistungen und Waren gegen Zahlung mit Bitcoin – Anwendbarkeit des VGG?, ecolex 2022, 27.

10 Dafür *A. Metzger*, Verträge über digitale Inhalte und digitale Dienstleistungen: Neuer BGB-Vertragstypus oder punktuelle Reform?, JZ 2019, 577; zu Recht dagegen *B. Zöchling-Jud*, Verträge über digitale Inhalte, in N. Forgó/B. Zöchling-Jud (Hrsg.), Das Vertragsrecht des ABGB auf dem Prüfstand: Überlegungen im digitalen Zeitalter, Gutachten zum 20. Österreichischen Juristentag II/1, Wien 2018, S. 167 (173 f.); vgl. auch *J. W. Flume*, Digitale Leistungen, ÖJZ 2022, 137 (140); *M. Schmidt-Kessel*, Verträge über digitale Inhalte – Einordnung und Verbraucherschutz, K&R 2014, 475 (478).

bereitgestellt werden, welcher als Anknüpfungspunkt für die Gewährleistungsrechte nach den nationalen Umsetzungsgesetzen dient.[11]

Diesem Regelungsansatz folgen die Umsetzungen in Österreich, Frankreich und Italien, die im Folgenden angesprochen werden: Sie konzentrieren sich für das Gewährleistungsrechtsregime auf den beschriebenen schuldrechtlichen Ausgangspunkt und lassen mögliche urheberrechtliche Fragen, wie im Grundsatz auch die Richtlinien,[12] unberücksichtigt.[13] Die umzusetzenden Richtlinien sind ferner dadurch gekennzeichnet, dass der Grundsatz der Privatautonomie zugunsten einer zwingenden Standardisierung des Mindestvertragsinhalts eingeschränkt wird. Objektive Anforderungen an die Vertragsmäßigkeit sind gesetzlich vorgegeben, selbst wenn die Parteien subjektiv etwas anderes vereinbart haben.[14] Eine Abbedingung der gesetzlichen Mindestvorgaben ist nur unter Einhaltung qualifizierter Anforderungen zulässig.[15]

Nach Betrachtung der Richtlinienumsetzung in systematischer Hinsicht (II.) und mit Blick auf die Umsetzungsspielräume für die Mitgliedstaaten (III.), werden im Folgenden einige wesentliche Innovationen adressiert, die mit den Richtlinien einhergehen, wobei im Überblick nachgezeichnet wird, wie die Gesetzgeber in Österreich, Frankreich und Italien damit umgegangen sind (IV.). Ein Fazit rundet diesen Beitrag ab (V.).

---

11 *Flume/Poneder*, Gewährleistungsrecht (Fn. 5).
12 Mit Ausnahme von Art. 9 WKRL und Art. 10 DIRL. Siehe hierzu *F. Rosenkranz* in: R. Schulze/D. Staudenmayer (Hrsg.), EU Digital Law, Article-by-Article Commentary, Baden-Baden 2020, Art. 10 DCD Rn. 1 ff.; *W. Faber* in: P. Bydlinski u.a. (Hrsg), ABGB, Wien 2023, § 4 VGG Rn. 3; *Ders.*, Zur Rechtsmängelhaftung nach DIRL, WKRL und VGG: Alles unionsrechtskonform?, in: W. Faber/S. Janisch (Hrsg.), Festschrift Peter Mader, Wien 2022, S. 51.
13 Krit. *B. Gsell*, Der europäische Richtlinienvorschlag zu bestimmten vertragsrechtlichen Aspekten der Bereitstellung digitaler Inhalte, ZUM 2018, S. 75 (81); *L. K. Kumkar*, Herausforderungen eines Gewährleistungsrechts im digitalen Zeitalter, ZfPW 2020, 306 (322).
14 *S. Laimer* in: J. W. Flume u.a. (Hrsg.), VGG – Verbrauchergewährleistungsgesetz, Wien 2022, § 6 VGG Rn. 1 f.; *U. Neumayr*, Zum Mangelbegriff des neuen VGG, RdW 2021, 833 (835); *T. Schmitt*, jusIT Spezial: GRUG 2022. Das neue Gewährleistungsrecht – Schwerpunkt digitale Leistungen, Wien 2022, S. 221 (224).
15 Art. 7 Abs. 5 WKRL; Art. 8 Abs. 5 DIRL.

II. Die RL-Umsetzung in systematischer Hinsicht

Sowohl die Warenkauf-Richtlinie als auch die Digitale-Inhalte-Richtlinie beschränken sich schwerpunktmäßig auf Fragen des Gewährleistungsrechts. Nationale Bestimmungen des allgemeinen Vertragsrechts, wie das Zustandekommen, die Gültigkeit oder die Wirkungen von Verträgen, lassen die Richtlinien ebenso unberührt wie das Schadenersatzrecht und andere Teile des Leistungsstörungsrechts.[16] Auch Direktansprüche gegen Hersteller oder Importeure werden von den Richtlinien überhaupt nicht erfasst.[17] Aufgabe der Umsetzungsgesetzgeber war es deshalb, teils detaillierte technische Regelungen,[18] teils bloß grobe Zielvorgaben[19] möglichst harmonisch und widerspruchsfrei in die jeweilige Rechtsordnung einzufügen, aber auch etwaige Umsetzungsspielräume sinnvoll zu nutzen.[20]

Die Ansätze zur Erreichung dieser Ziele gingen sowohl mit Blick auf das „wo", als auch bezüglich des „wie" zum Teil weit auseinander. Der deutsche Gesetzgeber fügte die Richtlinien an verschiedenen Stellen des BGB in das

---

16 ErwGr. 18 WKRL; ErwGr. 12 DIRL. Siehe *Stabentheiner*, Hintergründe (Fn. 3), S. 17 ff. So verweisen etwa in Italien Art. 135-septies und Art. 135-vicies ter Abs. 1 C. cons. Für Schadenersatzansprüche des Verbrauchers ausdrücklich auf die allgemeinen Bestimmungen des Codice civile; vgl. *A. De Franceschi*, Italian Consumer Law after the Transposition of Directives (EU) 2019/770 and 2019/771, EuCML 2022, 72.
17 ErwGr. 18 Satz 6 und ErwGr. 63 Satz 5 WKRL sowie ErwGr. 12 Satz 5 DIRL. Vgl. *A. Geroldinger* in J. Stabentheiner ua., Gewährleistungsrecht S. 233. Siehe auch zum französischen Verbrauchervertragsrecht schon *C. Witz/W.-T. Schneider*, Die Umsetzung der europäischen Richtlinie über den Verbrauchsgüterkauf in Frankreich, RIW 2005, 921.
18 Etwa Artt. 16 f. DIRL (Pflichten bei Auflösung des Vertrages); Art. 19 DIRL (Änderungen der digitalen Leistung).
19 Beispielsweise Art. 10 WKRL; Art. 11 Abs. 2 und 3 DIRL (Verjährungsbestimmungen); Art. 18 WKRL; Art. 20 DIRL (Rückgriffsrechte).
20 Vgl. in Österreich die Erläuterungen zur Regierungsvorlage (ErläutRV) 949 BlgNR 27. GP 1; erste Anmerkungen in Frankreich etwa bei *J.-D. Pellier*, La nouvelle garantie légale de conformité est arrivée!, RDC 2022, 71; *T. Génicon*, Nouvelle garantie de conformité dans la vente au consommateur: l'heure des choix, D. 2021, 534; *J. Huet*, Directive de 2019: d'une part, sur les biens de consommation, d'autre part, sur les contenus et service numériques, RDC 2020, 46; in Italien etwa bei *A. Barenghi*, Osservazioni sulla nuova disciplina delle garanzie nella vendita di beni di consumo, Contr. E impr. 2020, 806; *F. Addis*, Spunti esegetici sugli aspetti dei contratti di vendita di beni regolati nella nuova direttiva (UE) 2019/771, Nuovo dir. Civ. 2020, 5; *C. Camardi*, Prime osservazioni sulla direttiva (UE) 2019/770 sui contratti per la fornitura di contenuti e servizi digitali. Operazioni di consumo e circolazione di dati personali, Giust. Civ. 2019, 499.

Recht der Schuldverhältnisse ein.[21] Frankreich[22] und Italien[23] entschieden sich hingegen für eine Umsetzung in den bereits bestehenden Konsumentenschutzgesetzen, also respektive im *Code de la consommation* (Code cons.) und im *Codice del consumo* (C. cons.).[24] In Österreich sind, anders als noch bei der Umsetzung der Verbrauchsgüterkauf-Richtlinie am Anfang des 21. Jahrhunderts, nun beide neuen Richtlinien ganz überwiegend allein im Bereich des Verbraucherrechtes transformiert worden.[25] Konkret wurden sie in einem weiteren „Satellitengesetz", namentlich dem neu geschaffenen **Verbrauchergewährleistungsgesetz** (VGG) umgesetzt,[26] flankiert von einzelnen Regelungen im Konsumentenschutzgesetz (§ 7c bis § 9a KSchG) sowie in der allgemeinen Zivilrechtskodifikation (Regressvorschriften in § 933b ABGB sowie wenige Angleichungen an das Verbraucherrecht in §§ 932 f. ABGB).[27]

Mit dem VGG ist es in Österreich gelungen, Parallelen im Warenkauf einerseits und bei den digitalen Leistungen andererseits systematisch abzubilden und somit den Regelungsumfang insgesamt zu reduzieren, indem in einem „Allgemeinen Teil" insbesondere die Regeln zum Anwendungsbereich und zum Mangelbegriff vor die Klammer gezogen wurden.[28] Da-

---

21 Siehe *T. Pfeiffer*, Das neue Kaufrecht: Einführung und ausgewählte Grundfragen, BWNotZ (erscheint 2024); vgl. *R. Schulze*, Germany, in: A. De Franceschi/R. Schulze, Harmonizing Digital Contract Law, Baden-Baden/München 2023, Rn. 1 ff.
22 *A. Metzger* in: J. Säcker u.a.. (Hrsg.), Münchener Kommentar zum Bürgerlichen Gesetzbuch, Bd. III, 9. Aufl., München 2009, Vor § 327 BGB Rn. 47. Zu den Hintergründen der Einfügung in den Code cons. *J.-S. Borghetti*, France, in A. De Franceschi/R. Schulze, Harmonizing Digital Contract Law, Baden-Baden/München 2023, Rn. 1 ff.
23 *A. Luminoso*, La nuova disciplina delle garanzie nella vendita al consumatore (una prima lettura del d.lgs. N. 170/2021), Europa e Diritto Privato 2022, 483; *Metzger* (Fn. 22), Vor § 327 BGB Rn. 52; *A. De Franceschi*, Italy, in A. De Franceschi/R. Schulze, Harmonizing Digital Contract Law, Baden-Baden/München 2023, Rn. 1 ff.
24 Siehe allgemein zum Gesetzeswerk *A. Schwartze/S. Laimer*, Fünf Jahre *Codice del consumo*: Erste Erfahrungen aus rechtsvergleichender Sicht, Jahrbuch für Italienisches Recht 23, Heidelberg 2011, S. 127 ff.
25 *A. Schwartze*, Rechtsvergleichende Betrachtung der Reformen in Österreich und Deutschland, in: J. W. Flume u.a. (Hrsg.), VGG – Verbrauchergewährleistungsgesetz, Wien 2022, S. 7 Rn. 2.
26 Zu den Gründen für diese Entscheidung siehe ErläutRV 949 BlgNR 27. GP 3 f.
27 Zur Entstehungsgeschichte *Stabentheiner*, Entstehung (Fn. 5), S. 1; für einen Kurzüberblick siehe *D. Aichberger-Beig/K. Huber*, Gewährleistungsrecht NEU, Wien 2021, S. 13 ff.
28 Die Möglichkeit einer gemeinsamen Umsetzung der Richtlinien in verschiedenen Abschnitten war laut ErläutRV 949 BlgNR 27. GP 4 ein wesentlicher Grund für die Umsetzung im VGG.

gegen wurden die Regelungen aus der Digitale-Inhalte-Richtlinie in Frankreich (Art. L. 224-25-1 – Art. L. 224-25-35 Code cons.) genauso wie in Italien (Art. 135-octies – Art. 135-vicies ter C. cons.) nicht mit dem (nur punktuell ergänzten) Verbrauchsgüterkauf verknüpft, sondern sie wurden für sich genommen in neu geschaffene Abschnitte der jeweiligen Konsumentenschutzgesetze eingefügt.[29] Insbesondere die italienische, aber (etwa bezüglich der Bestimmungen zur Vertragsmäßigkeit) auch die französische Umsetzung lehnen sich in Struktur und Wortlaut eng an die Richtlinien an und gehen kaum darüber hinaus.[30]

In Österreich ist auf diese Weise jedoch eine komplexe Verschränkung von nebeneinander bestehenden Mängel-Gewährleistungsregimen entstanden.[31] Während Frankreich und Italien die neuen Regeln immerhin systematisch in ihre Verbrauchergesetzbücher integriert haben, wurde in Österreich das zuvor nahezu einheitliche nationale Kaufgewährleistungsrecht des ABGB stark zersplittert.[32] Außerdem bleibt die Regelung des Vertriebs digitaler Inhalte auf den Bereich der Verbrauchergeschäfte beschränkt, obwohl derartige Transaktionen häufig auch im B2B-Bereich stattfinden und eine erweiternde Umsetzung möglich gewesen wäre (ErwGr. 13 DIRL).[33] Gerade im Bereich der Verbrauchergeschäfte haben sich durch diese Verortung der Regeln in unterschiedlichen Rechtsquellen in Österreich so manche, m.E. nicht rechtfertigbare Wertungswidersprüche ergeben (z.B. unterschiedliche Mangelvermutungsfristen).[34] In den Materialien zum österreichischen Umsetzungsgesetz wird aber explizit festgehalten, dass „[...] die großteils sehr verbraucherfreundlichen Anordnungen der beiden Richtlinien [...] für das allgemeine Zivilrecht nicht passend wären [...]".[35] Dies ist bei der Auslegung zweifellos zu bedenken.

---

29 Vgl. nur etwa *M. L. Gambini* in: V. Cuffaro u.a. (a cura di), Codice del consumo e norme collegate, 6. Aufl., Milano 2023, Art. 135-octies Anm. 1; *S. Neumann/O. Berg*, Französisches Recht, 2. Aufl., Baden-Baden 2023, Rn. 374.
30 Vgl. etwa *Metzger* (Fn. 22), Vor § 327 BGB Rn. 49.
31 *Flume/Poneder*, Gewährleistungsrecht (Fn. 5).
32 Für internationale Warenkäufe gelangt daneben noch das UN-Kaufrecht (Übereinkommen der Vereinten Nationen über Verträge über den internationalen Warenkauf) zur Anwendung; *Schwartze* (Fn. 24), Rn. 2.
33 Befürwortend etwa *F. Faust*, Digitale Wirtschaft – Analoges Recht: Braucht das BGB ein Update? Gutachten zum 71. Deutschen Juristentag, Band I/A, München 2016, S. 6.
34 *S. Laimer*, Privatautonome Gestaltung im Gewährleistungsrecht des 21. Jahrhunderts, ÖJZ (erscheint 2024).
35 ErläutRV 99 BlgNR 27. GP 5 f.

III. Umsetzungsspielräume der Mitgliedstaaten

Die beiden Richtlinien sind, anders als die Verbrauchsgüterkauf-Richtlinie, die nur einen Mindeststandard vorgab,[36] grundsätzlich nach dem Prinzip der **Vollharmonisierung**[37] ausgestaltet.[38] Damit dürfen die Mitgliedstaaten bei der Transformation der Richtlinien weder ein höheres Verbraucherschutzniveau einführen noch ein solches beibehalten, es sei denn, dies wird in den Richtlinien ausdrücklich erlaubt (Art. 4 WKRL, Art. 4 DIRL). Damit sollten die Umsetzungsregelungen in den EU-Staaten eigentlich identisch sein, jedoch werden den Mitgliedstaaten im Sinne einer *targeted harmonisation*[39] in beiden Richtlinien mehrere Optionen eingeräumt.[40] Aufgrund derartiger Spielräume[41] können die nationalen Regelungen letztlich doch unterschiedlich ausgestaltet werden. So wird in Art. 3 Abs. 7 WKRL für versteckte Mängel und für solche, die spätestens 30 Tage nach Lieferung der Ware offenbar werden, den Mitgliedstaaten gestattet, spezielle Rechtsbehelfe vorzusehen, was Frankreich die Aufrechterhaltung der *vice caché*-Haftung ermöglicht hat.[42]

Art. 3 Abs. 5 WKRL ermöglicht es den Mitgliedstaaten, bestimmte Vertragsgegenstände, z.B. lebende **Tiere**, vom Anwendungsbereich der neu geschaffenen Verbraucherschutzbestimmungen auszunehmen, woraus sich Unterschiede ergeben: Während der Anwendungsbereich des italienischen *Codice del consumo* für den Kauf von – als Sachen eingeordneten – lebendigen Tiere eröffnet wird (vgl. Art. 128 Abs. 1 lit. e Zff. 3 C. cons.),[43] ist das österreichische VGG auf sie nicht anzuwenden;[44] auch der französische

---

36 Vgl. *U. Magnus* in: E. Grabitz/M. Hilf (Hrsg.), Das Recht der Europäischen Union, München 2023, Vor Art 1 VGKRL Rn. 13 f.
37 Art. 4 und ErwGr. 10 Satz 2 bis 4 WKRL; vgl. *K. Tonner*, Die EU-Warenkauf-Richtlinie: auf dem Wege zur Regelung langlebiger Waren mit digitalen Elementen, VuR 2019, 363 (366).
38 Art. 4 und ErwGr. 6 DIRL; vgl. *M. Kramme*, Vertragsrecht für digitale Produkte: Die Umsetzung der Digitale-Inhalte-Richtlinie im Schuldrecht AT, RDi 2021, 20.
39 Dazu *N. Reich/H. Micklitz* in: N. Reich u.a. (Hrsg.), European Consumer Law, 2. Aufl., Cambridge 2014, S. 41.
40 ErläutRV 949 BlgNR 27. GP 3.
41 Siehe die detaillierte Aufzählung bei *Stabentheiner*, Hintergründe (Fn. 3), S. 17 ff.
42 Vgl *B. Zöchling-Jud*, Das neue Europäische Gewährleistungsrecht für den Warenhandel, GPR 2019, 115 (127).
43 *Luminoso*, La nuova disciplina (Fn. 23), 483 (493).
44 *Flume/Ziegler* (Fn. 7), § 1 VGG Rn. 39 ff.

Gesetzgeber nimmt den Verkauf von Haustieren gem. Art. L. 217–2 Code cons. aus der Schutzregelung aus.[45]

Zahlreiche Regelungsspielräume der Mitgliedstaaten betreffen ferner Fristenregelungen. So können nach Art. 10 Abs. 3 WKRL längere Gewährleistungsfristen beibehalten oder auch eingeführt werden; entsprechend wird nach Art. 11 Abs. 2 UAbs. 2 DIRL nur eine Mindestfrist von zwei Jahren festgelegt.[46] Von dieser Verlängerungsoption hat jedoch keine der einbezogenen Rechtsordnungen Gebrauch gemacht. Im Sinne der Kreislaufwirtschaft wird in Frankreich jedoch die **Gewährleistungsfrist** um sechs Monate verlängert, wenn sich der Verbraucher für die Reparatur der Ware entscheidet; lehnt der Unternehmer die mögliche Reparatur ab, gilt eine (neue) zweijährige Gewährleistungsfrist für die ausgetauschte Ware.[47]

Flexibel wird auch die zusätzliche **Verjährungsfrist** gehandhabt, die es gem. Art. 10 Abs. 4 WKRL bzw. Art. 11 Abs. 2 UAbs. 3 DIRL dem Verbraucher nur ermöglichen soll, die Abhilfen für Vertragswidrigkeiten in Anspruch zu nehmen, sodass sie jedenfalls nicht zu kurz festgesetzt werden darf.[48] Entsprechend ordnet das österreichische Verbraucherrecht an, dass die Gewährleistungsrechte und -ansprüche drei Monate nach Ablauf der jeweiligen Gewährleistungsfrist verjähren (§ 28 Abs 1 VGG),[49] während in Italien zwei Monate hinzukommen. Frankreich arbeitet dagegen mit einem Verweis auf die allgemeinen Vorschriften (Art. 2224 Code civil): Demnach gilt eine Verjährungsfrist von fünf Jahren ab Kenntnis des Mangels.[50]

Nach Art. 10 Abs. 6 WKRL können die Mitgliedstaaten auch weiterhin vorsehen, dass die Gewährleistungsfrist für **gebrauchte Waren** von den

---

45 S. *Bernheim-Desvaux*, Garantie de conformité. Réflexion autour de l'ordonnance n° 2021–1247 du 29 septembre 2021 relative à la garantie légale de conformité pour les biens, les contenus numériques et les services, numériques, Contrats, conc., consom. nov. 2021, comm. 174. spéc. n° 2.
46 Keine Ausdehnung in Österreich, ErläutRV 949 BlgNR 27. GP 7, und auch nicht in Deutschland, wo § 438 Abs. 1 Zff. 3 BGB unverändert geblieben ist.
47 *J. Senechal*, The Implementation of the EU Directives 2019/770 and 2019/771 in France, EuCML 2021, 266.
48 *Schwartze*, Rechtsvergleichende Betrachtung (Fn. 25), Rn. 7.
49 *B. Zöchling-Jud*, Beweislast, Gewährleistungs- und Verjährungsfristen im neuen Gewährleistungsrecht, ÖJZ 2022, 113; *S.-F. Kraus/F. Spendel* in: J. W. Flume u.a. (Hrsg.), VGG – Verbrauchergewährleistungsgesetz, Wien 2022, § 28 VGG Rn. 3; vgl ErläutRV 949 BlgNR 27. GP 37 f.
50 Vorteilhaft für den Konsumenten, vgl. etwa *V. T. Genicon*, Nouvelle garantie de conformité dans la vente au consommateur: l'heure des choix, D. 2021, 534, spéc. n°10.

Parteien auf bis zu ein Jahr herabgesetzt werden kann; davon hat Österreich (§ 10 Abs. 4 VGG) ebenso wie Italien (Art. 133 Abs. 4 C. cons.) Gebrauch gemacht, nicht aber Frankreich.[51] Ebenfalls nur nach der Warenkauf-Richtlinie kann die **Vermutungsfrist** für das Vorliegen einer Vertragswidrigkeit von einem auf zwei Jahre erstreckt werden (Art. 11 Abs. 2 WKRL),[52] was nur Frankreich (außer bei gebrauchten Sachen) wahrgenommen hat.[53] Außerdem kann eine **Rügeobliegenheit** innerhalb von zwei Monaten nach Entdeckung der Vertragswidrigkeit eingeführt werden (Art. 12 WKRL), was aber nunmehr, im Unterschied zur Vorgängerregelung, auch in Italien nicht mehr der Fall ist.[54]

IV. Rechtsvergleichende Betrachtung (ausgewählte Themen)

1. Definitionen und Anwendungsbereich

Einen wesentlichen Beitrag dazu, das Europäische Vertragsrecht mit Blick auf die Digitalisierung, auch über das Gewährleistungsrecht hinaus, auf den Stand der Zeit zu bringen, leisten sicherlich die in allen Mitgliedstaaten umgesetzten Begriffsdefinitionen aus der Digitale-Inhalte-Richtlinie. Neben den Begrifflichkeiten der „digitalen Inhalte" und der „digitalen Dienstleistungen" kann man hier z.B. jene der „Funktionalität, Kompatibilität und Interoperabilität"[55] oder etwa die Differenzierung zwischen „einmaliger" und „fortlaufender Bereitstellung"[56] bei digitalen Leistungen nennen.

---

51 *C. Kronthaler* in: J. W. Flume u.a. (Hrsg.), VGG – Verbrauchergewährleistungsgesetz, Wien 2022, § 10 VGG Rn. 16 ff.; *A. Maniaci* in: V. Cuffaro u.a. (a cura di), Codice del consumo e norme collegate, 6. Aufl., Milano 2023, Art. 133 Anm. 2.
52 Abgelehnt sowohl in Österreich, ErläutRV 949 BlgNR 27. GP 7, wie auch etwa in Deutschland, Begr. RegE, BT-Drucks 19/27424, 44.
53 *V. Lasbordes-de Virville*, Contrat de consommation – Nouveautés en matière de garantie légale de conformité dans les ventes de biens de consommation. À propos de la transposition des directives UE 2019/770 et 2019/771 du 20 mai 2019 par l'ordonnance n° 2021–1247 du 29 septembre 2021, CCC 2021, 11, étude 11.
54 *P. Coppini*, Armonizzazione massima e minimalismo legislative nel "nuovo" difetto di conformità dei beni di consumo, Actualidad Jurídica Iberoamericana N° 18, febrero 2023, 470 (481). Zu Rügeobliegenheiten in verschiedenen europäischen Rechtsordnungen *A. Schwartze*, Europäische Sachmängelgewährleistung beim Warenkauf, Tübingen 2000, S. 473 ff.
55 Französisch: *fonctionnalité, compatibilité, interopérabilité*; italienisch: *funzionalità, compatibilità, interoperabilità*.
56 Französisch: *fourniture unique/continue*; italienisch: *fornitura singola/continuativa*.

Eine weitere, in allen Mitgliedstaaten umzusetzende Innovation besteht in der Einführung einer **Aktualisierungspflicht**[57] für Waren mit digitalen Elementen sowie für digitale Leistungen.[58] In der digitalen Welt existieren Leistungen nicht mehr autonom, sondern sie sind in eine digitale Umgebung (vgl. § 2 Zff. 8 VGG) eingebettet und benötigen ständige Anpassung an ihr sich veränderndes Umfeld, damit sie langfristig nutzbar sind.[59] Mit der normierten Aktualisierungspflicht rückt die langfristige Aufrechterhaltung der Nutzungsmöglichkeit in den Fokus des Verbraucherschutzrechts.[60]

Interessanterweise bestehen bei der Umsetzung der Richtlinien weiterhin teilweise unterschiedliche Auffassungen darüber, welche Bestimmungen nur für Verbrauchergeschäfte gelten sollen und welche – in Überschreitung ihrer Anwendungsbereiche – unabhängig von der Verbrauchereigenschaft des Erwerbers. So gilt der **Montagemangel** etwa in Deutschland auch außerhalb eines Verbrauchsgüterkaufs gem. § 434 Abs. 4 BGB als Sachmangel,[61] während er in Österreich, Italien und Frankreich nur zugunsten von Konsumenten ausdrücklich als solcher angesehen wird.[62] Umgekehrt ist die Vermutungsregelung für das Vorliegen eines Mangels bei Übergabe der Kaufsache in Österreich unverändert allgemein auch in § 924 ABGB geregelt, in Deutschland wie in Frankreich und Italien dagegen nur für B2C-Geschäfte.[63] Allerdings hat der österreichische Gesetzgeber die zeitlich auf ein Jahr ausgedehnte **Beweislastumkehr** nur in § 11 Abs. 1 VGG übernommen und damit nicht verallgemeinert, vielmehr nicht einmal auf alle Verbrauchergeschäfte ausgedehnt.[64]

---

57 In Österreich § 7 VGG, in Frankreich Art. L. 224–25–24 Code cons. (*mises à jour*), in Italien Art. 135-undecies C. cons. (*aggiornamenti*).
58 Dazu *P. Poneder*, Das Leistungsstörungsrecht im digitalen Zeitalter: Zur Rechtsnatur der Aktualisierungspflicht nach § 7 VGG, JBl 2024, 10.
59 Grundlegend etwa *S. Fida*, Updates, Patches & Co – Zivilrechtliche Fragen zur Softwareaktualisierung, Wien 2022.
60 *Flume/Poneder*, Gewährleistungsrecht (Fn. 5).
61 Ebenso nach § 434 Abs. 2 BGB aF.
62 Siehe etwa *Luminoso*, La nuova disciplina (Fn. 23), 496. Vgl. zur österreichischen Diskussion etwa *C. Kronthaler*, Verstößt § 8 Abs 1 VGG gegen die Vorgaben von Art 8 WKRL?, Zak 2022, 48.
63 Ebenso nach § 477 BGB a.F.
64 *A. Kaspar* in: J. W. Flume u.a. (Hrsg.), VGG – Verbrauchergewährleistungsgesetz, Wien 2022, § 11 VGG Rn. 1; grundlegend *dies.*, Die Beweislast im Gewährleistungsrecht, Wien 2019.

2. Daten als Gegenleistung

Als weitere ganz wesentliche Innovation wird – in Österreich durch § 1 Abs. 1 Zff. 2 lit. b VGG genauso wie in Italien in Art. 135-octies Abs. 4 C. cons. – erstmals festgehalten, dass **datenfinanzierte Geschäftsmodelle** mit Verbrauchern auf Verträgen beruhen, sofern nach den allgemeinen Auslegungsgrundsätzen ein entsprechender Rechtsbindungswille[65] beider Parteien vorliegt.[66] Die Bereitstellung digitaler Leistungen erfolgt demnach im Austausch gegen die Hingabe personenbezogener Daten des Verbrauchers i.S.v. Art. 4 Zff. 1 DSGVO, wobei den Verbrauchern nun also auch bei solchen Geschäften Gewährleistungsrechte eingeräumt (und damit eben gerade nicht mehr, wie zuvor, wegen – vermeintlicher – Unentgeltlichkeit ausgeschlossen) werden.[67]

Die französische Gesetzesformulierung weicht hingegen davon ab, zumal die Bereitstellung personenbezogener Daten durch den Verbraucher als mögliche Vertragsleistung dort nicht ausdrücklich benannt wird. Vielmehr wird die Anwendbarkeit der Schutzvorschriften eher allgemein daran geknüpft, dass der Verbraucher „ein Entgelt bezahlt oder einen anderen Vorteil statt oder neben der Zahlung eines Entgelts verschafft".[68] Im Ergebnis dürfte damit allerdings keine inhaltliche Abweichung verbunden sein.[69]

3. Bereitstellung digitaler Leistungen

Die Digitale Inhalte-Richtlinie regelt – anders als die Warenkauf-Richtlinie – neben der Gewährleistung auch den **Leistungszeitpunkt** und die Art der **Erfüllung** der Hauptleistungspflicht durch den Unternehmer bei Verträgen über die Bereitstellung digitaler Leistungen sowie die Rechtsfolgen von

---

65 Dazu *T. Bauermeister*, Die „Bezahlung" mit personenbezogenen Daten bei Verträgen über digitale Produkte, AcP 222 (2022), 372 (375 ff.).
66 *Flume*, Digitale Leistungen (Fn. 10), 137 (144 ff.); *De Franceschi*, Italian Consumer Law (Fn. 16), 72 (73).
67 Siehe hierzu *A. Metzger u.a.*, Datenschutz und Datenmarkt: Grundzüge einer Marktordnung für die europäische Datenwirtschaft, ZfPW 2023, 227; *H. Schweitzer*, Vertragsfreiheit, Marktregulierung, Marktverfassung: Privatrecht als dezentrale Koordinationsordnung, AcP 220 (2020), 544 (569 ff.).
68 Art. L. 224–25-2 Code cons.: „s'acquitte d'un prix ou procure tout autre avantage au lieu ou en complément du paiement d'un prix".
69 *Senechal*, The Implementation (Fn. 47), 266.

Verstößen.[70] Diese Inhalte sind in Frankreich (Art. L. 224-25-10, Art. L. 224-25-11 Code cons.) und in Italien (Art. 135-decies, Art. 135-septiesdecies C. cons.) jeweils im Zusammenhang umgesetzt.[71] In Österreich regelt § 17 VGG zwar die Bereitstellungspflicht, während die Verzugsbestimmungen für digitale Leistungen jedoch in § 7d KSchG umgesetzt wurden.[72]

4. Die neue Gleichstellung von subjektiven und objektiven Qualitätsanforderungen

Eine grundlegende Neuerung zeigt sich mit Blick auf das Spannungsverhältnis, das zwischen der subjektiven Freiheit der Parteien, den Vertragsgegenstand festzulegen, und dem nahezu zwingenden objektiven Sachmangelbegriff der neuen Regulative besteht.[73]

a) Objektiver Mindeststandard als Ausgangspunkt für die Vertragsgestaltung

Zunächst zum Ausgangspunkt: Die Artt. 5 ff. WKRL und Artt. 6 ff. DIRL, die in Österreich (§§ 4 ff. VGG), Frankreich (Artt. L. 217-4 f., Artt. L. 224-25-13 f., Art. L. 224-25-24 Code cons.) und Italien (Artt. 129 ff., Artt. 135-decies ff. C. cons.) nahe am Richtlinienwortlaut umgesetzt worden sind, beschreiben verschiedene Fallgruppen, in denen der Unternehmer Gewähr leisten muss. Als grundlegende Kriterien dienen die subjektiven „sowie" die

---

70 Art. 13 Abs. 1 und 3 DIRL.
71 Siehe etwa S. de Lucia in: V. Cuffaro u.a. (a cura di), Codice del consumo e norme collegate, 6. Aufl., Milano 2023, Art. 135-septiesdecies Anm. 1; vgl. auch S. Pagliantini, L'attuazione minimalista della dir. 2019/770/ue: riflessioni sugli artt. 135-octies-125 vicies ter c.cons. la nuova disciplina dei contratti b-to-c per la fornitura di contenuti e servizi digitali, NLCC 2022, 1499 ff.
72 Nach den ErläutRV (949 BlgNR 27. GP 31) geschah dies auf expliziten politischen Wunsch. Siehe hierzu C. Kronthaler/S. Laimer in: J. W. Flume u.a. (Hrsg.), VGG – Verbrauchergewährleistungsgesetz, Wien 2022, § 7d KSchG Rn. 1 ff.; zum Pendant in § 7c KSchG für den Verzug des Unternehmers bei sonstigen Verbrauchergeschäften siehe S. Laimer, Der Verbraucherrücktritt bei Verzug des Unternehmers nach dem neuen § 7c KSchG, in: S. Laimer u.a. (Hrsg.), Europäische und internationale Dimensionen des Privatrechts. Festschrift für Andreas Schwartze, Wien 2021, S. 239 ff.
73 Zur fortschreitenden Verobjektivierung des Sachmängelrechts siehe auch S. Laimer, Beschränkung rechtsgeschäftlicher Erfüllungsverpflichtungen, Tübingen 2020, S. 299 f.

objektiv vorausgesetzten Eigenschaften.⁷⁴ Diese Kriterien werden erweitert durch die neu eingeführte Aktualisierungspflicht für Waren mit digitalen Elementen und digitale Leistungen (§ 7 VGG; Artt. L. 217–18 ff., Artt. L. 224–25–24 ff. Code cons.; Art. 130 Abs. 2–4, Art. 135-undecies C. cons.) sowie die Montage- und Installationsverpflichtung bzw. die ebenfalls neue Pflicht zur Integration digitaler Leistungen (§ 8 VGG; Art. L. 224–25–12 Code cons.; Art. 135-duodecies C. cons.).⁷⁵

Die (subjektiven und objektiven) **Qualitätsanforderungen** sind vom Unternehmer nach der neuen Regelung kumulativ zu erfüllen.⁷⁶ Für die objektiven Qualitätsmerkmale hat er also neben den eigens vertraglich bestimmten Anforderungen "zusätzlich" einzustehen.⁷⁷ Es geht dem Gesetz hier um die Sicherung einer gewissen Mindestqualität,⁷⁸ die nur unter Einhaltung von strengen Voraussetzungen unterschritten werden kann (dazu später).⁷⁹ Nur die Pflicht zur Bereitstellung der neuesten Version von digitalen Leistungen kann einfacher abbedungen werden.⁸⁰

Der Unternehmer schuldet danach als Normalstandard zunächst Waren bzw. digitale Leistungen, die übliche, berechtigterweise vom verständigen Durchschnittskäufer bei Produkten der gleichen Art erwartete Eigenschaften aufweisen und die eine bei derartigen Produkten nach der Verkehrs-

---

74 Siehe etwa *M. Girolami*, La conformità del bene al contratto di vendita: criteri "soggettivi" e criteri "oggettivi", in: G. De Cristofaro (Hrsg.), La nuova disciplina delle vendite mobiliari nel codice del consumo, Torino 2022, S. 65 ff. Die objektiven Anforderungen gelten kraft Gesetzes, wenn die Parteien keine weitergehenden subjektiven Anforderungen vereinbaren; *Metzger* (Fn. 22), § 327e BGB Rn. 25; siehe schon *M. Gruber*, Gewährleistung für bedungene Eigenschaften, Wien 1990, Rn. 151 f.: „...qua Verkehrsauffassung Teil der vertraglichen Leistungspflicht...".
75 *Schwartze*, Rechtsvergleichende Betrachtung (Fn. 25), § 4 VGG Rn. 7.
76 *Neumayr*, Mangelbegriff (Fn. 14), 835.
77 *Laimer* (Fn. 14), § 6 VGG Rn. 1.
78 *Metzger* (Fn. 22), Vor § 327 BGB Rn. 34. "Objektivierter Vertragsinhalt", *F. Artner/I. Vonkilch*, GRUG: Zum objektiven Mangelbegriff des § 6 VGG, ecolex 2021, 890 (891); *T. Schmitt*, Das neue Gewährleistungsrecht ab 2022: Digitale Leistungen und mehr, jusIT 2021, 179 (222); *F. Parapatits/J. Stabentheiner*, Ausgewählte Fragen zum neuen europäischen Gewährleistungsrecht – Vertragskonformität, Fristen, Geltendmachung, ÖJZ 2019, 1041 (1044 f.); *U. Neumayr*, Das neue Verbrauchergewährleistungsrecht, RdW 2021, 536 (537).
79 *G. Kodek*, Vertragswidrigkeit und Mangelbegriff im neuen Gewährleistungsrecht, ÖJZ 2022, 103 (106). Krit.. *Zöchling-Jud*, Vertragsrecht (Fn. 10), S. 194 ff.; auch schon zum Vorschlag für ein optionales Instrument *S. Lorenz*, Das Kaufrecht und die damit verbundenen Dienstverträge im "Common European Sales Law" AcP 2012, 702 (731 f.).
80 § 6 Abs. 4 VGG; Art. L. 217–5 Nr. 3, Art. L. 224–25–14 Nr. 3 Code cons.; Art. 135-undecies Abs. 5 C. cons.

erwartung (am Erfüllungsort)[81] und der Natur des konkreten Geschäfts zufriedenstellende Nutzung (allenfalls auf Basis entsprechender Anleitungen) ermöglichen.[82] Einzustehen hat er auch für Eigenschaften, die der Verbraucher aufgrund **öffentlicher Äußerungen** des Unternehmers oder einem seiner Vormänner vernünftigerweise erwarten darf.[83] Bei Waren mit digitalen Elementen und digitalen Leistungen darf der Verbraucher ferner über den Zeitpunkt des Gefahrübergangs hinaus darauf vertrauen, dass die für das vertragsgemäße Funktionieren erforderlichen **Aktualisierungen** für einen gewissen Zeitraum bereitgestellt werden.[84]

Der Unternehmer hat demnach die objektivierte (vernünftige)[85] Leistungserwartung des Verbrauchers zu gewähren, die gerade bei Konsumgütern besonders von der öffentlichen Produktbeschreibung des Herstellers geprägt ist.[86] Er muss also für die ungünstigen Abweichungen des Produkts von einem bestimmten „Idealtypus"[87] einstehen.[88] Die Abweichung von „der Art [...] die sich aus dem Kaufvertrag" ergibt, ist daher – anders als bei den subjektiven Eigenschafen[89] – zu Recht nicht als objektives Merkmal angeführt, weil die übliche Beschaffenheit gerade nach der Art des Produkts bestimmt werden muss.[90]

---

81 Siehe *R. Bollenberger/P. Bydlinski* in: P. Bydlinksi u.a. (Hrsg.), Kurzkommentar zum ABGB, 7. Aufl., Wien 2023, § 905a Rn. 1.
82 *Laimer*, Beschränkung (Fn. 73), S. 79; siehe schon *F. Gschnitzer* in: H. Klang/F. Gschnitzer (Hrsg.), Kommentar zum Allgemeinen Bürgerlichen Gesetzbuch, Band IV, Halbband 1, 2. Aufl., Wien 1968, S. 508.
83 § 6 Abs. 2 Zff. 5, Abs. 3 VGG; Art. L. 217-5, Art. L. 224-25-14 Code cons.; Art. 129 Abs. 3, Art. 130 Abs. 1, Art. 135-decies Abs. 5 C. cons.
84 *Borghetti*, France (Fn. 22), Rn. 33 ff.; *G. Perfetti*, Beni con elementi digitali e aggiornamenti nella novellata disciplina dei contratti di vendita B2C, in: G. De Cristofaro (Hrsg.), La nuova disciplina delle vendite mobiliari nel codice del consumo, Torino 2022, S. 264 ff.
85 Vgl. *H. Ofner* in: M. Schwimann/G. Kodek (Hrsg.), ABGB Praxiskommentar, 5. Aufl., Wien 2022, § 922 Rn. 25: dass nur „vernünftige" Erwartungen maßgebend sein können, ergibt sich schon aus der Vertrauenstheorie.
86 Vgl. *B. Gsell*, Informationspflichten im europäischen Verbraucherrecht, ZfPW 2022, 130.
87 *Gschnitzer* (Fn. 82), S. 507; vgl auch *P. Bydlinski* in: P. Bydlinski u.a. (Hrsg.), ABGB[7] (2023) § 929 Rn. 4 („Idealqualität").
88 Bei Gattungsschuld im Zweifel mittlerer Art und Güte (vgl. § 905a ABGB).
89 Art. 6 lit. a WKRL. Vgl. § 5 Zff. 1 VGG; Art. L. 217-4 (*"type [...] prévues au contrat"*); Art. 129 Abs. 2 C. cons. (*"tipo [...] previste dal contratto di vendita"*).
90 *Schwartze*, Rechtsvergleichende Betrachtung (Fn. 25), § 4 VGG Rn. 6; so zum deutschen Recht *K. Gelbrich/D. Timmermann*, Der Mangelbegriff im Kaufrecht nach der Umsetzung der WKRL und DIRL, NJOZ 2021, 1249 (1251); vgl. *C. Wendehorst*, Die

Die objektiven Anforderungen beziehen sich folglich auf (nach der Diktion der Richtlinien:) „Waren der gleichen Art" bzw. digitale Leistungen „derselben Art". Sie knüpfen also an die vertraglich bestimmte Produktgattung an. Damit ist m.E. ein wesentlicher Grundsatz offengelegt, nämlich: Welche Gattung geschuldet ist, bleibt der Privatautonomie überlassen; hierfür kann das Gesetz – außerhalb einer Planwirtschaft – gar keine objektiven Vorgaben machen (dieser Kernbereich gilt selbst bei der AGB-Inhaltskontrolle zu Recht als kontrollfrei)[91]. Auf diese Weise bilden innovative Produkte, sofern eine für die maßgebliche Zielgruppe nachvollziehbare Kommunikation erfolgt, eine neue (Unter-)Art, die nach ihren eigenen Maßstäben zu bewerten ist.[92] Werden die Unterschiede zum bisherigen Standard hingegen nicht oder nicht in der angemessenen Deutlichkeit präsentiert, dann darf der Verbraucher zu Recht darauf vertrauen, dass das Produkt die Eigenschaften aufweist, die ausgehend von der am Markt etablierten Produktpalette zu erwarten sind; Abweichungen davon muss er nur hinnehmen, wenn er eigens zustimmt.[93]

b) Einschränkende Qualitätsabrede

Mit Art. 7 Abs. 5 WKRL und Art. 8 Abs. 5 DIRL hat der Unionsgesetzgeber sodann zusätzliche, nicht abdingbare Voraussetzungen für Parteiabreden normiert, mit denen zu Lasten des Verbrauchers vom beschriebenen objektiven Qualitätsstandard abgewichen werden soll. Die Regelungsvorgabe wurde in Österreich (§ 6 Abs. 1 Satz 2, § 7 Abs. 1 Satz 2 VGG) ebenso wie in Frankreich (Art. L. 217–5 III, Art. L. 224–25–14 III Code cons.) und Italien (Art. 130 Abs. 4, Art. 135-undecies Abs. 4 C. cons.) im wesentlichen wortgleich umgesetzt, obwohl oder gerade weil die Norm Auslegungszweifel nährt.[94]

---

neuen kaufrechtlichen Gewährleistungsregelungen – ein Schritt in Richtung unserer digitalen Realität, JZ 2021, 974 (976).
91 *S. Laimer* in: A. Fenyves/F. Kerschner/A. Vonkilch (Hrsg.), Großkommentar zum ABGB – Klang – Kommentar, 3. Aufl., Wien 2022, § 879 Rn. 256.
92 *Laimer*, Privatautonome Gestaltung (Fn. 34); vgl. auch *S. Martens*, Schuldrechtsdigitalisierung, München 2022, Rn. 130.
93 Siehe *Gsell*, Informationspflichten (Fn. 86) 130.
94 *Borghetti*, France (Fn. 22), Rn. 26 f.; *De Franceschi*, Italy (Fn. 22), Rn. 26.

Für derartige – in Deutschland vielfach als negative Beschaffenheitsabreden bezeichnete[95] – **einschränkende Qualitätsabreden** finden sich nachfolgende Voraussetzungen normiert: Erstens stellt das Gesetz Informations- und Bestimmtheitserfordernisse auf: Es wird verlangt, dass der Verbraucher „eigens" über die konkrete Abweichung vom objektiven Standard in Kenntnis gesetzt wird.[96] Zweitens werden prozedurale Vorgaben gemacht: Der Konsument muss die negative Abweichung bei Vertragsschluss „ausdrücklich und gesondert" akzeptieren; die positive Kenntnis des Verbrauchers vom Produktfehler genügt also nicht für den Ausschluss der Vertragswidrigkeit.[97] Die normativen Hürden sollen m.E. sicherstellen, dass der Verbraucher hinreichend informiert ist, damit er den konkreten Produktfehler (und dessen Bedeutung mit Blick auf die Gegenleistung) in seine Entscheidung zum Vertragsabschluss einbeziehen kann und der Abweichung vom Normalstandard bewusst (aktiv und eindeutig) zustimmt. Die vormalige Negativeigenschaft wird auf diese Weise zu einem vertragsmäßigen Merkmal.[98]

5. Besonderheiten bei den Rechtsbehelfen

Bei den **Rechtsbehelfen** ergeben sich insbesondere aus der Digitale-Inhalte-Richtlinie einige in die nationalen Rechte umzusetzende Besonderheiten: Im digitalen Kontext besteht nicht wie beim Warenkauf ein Wahlrecht zwischen Verbesserung und Austausch, vielmehr ist die **Herstellungspflicht** der vorrangige Rechtsbehelf (§ 20 Abs. 2, § 21 VGG; Art. L. 224–25–18 ff. Code cons.; Art. 135-octiesdecies Abs. 2–4 C. cons.).[99] Nach Fristsetzung oder falls eine solche entbehrlich ist, besteht nachrangig das Recht auf Preisminderung (§ 22 VGG; Art. L. 224–25–21 Code cons.; Art. 135-octiesdecies Abs. 5 C. cons.) sowie die Möglichkeit zur Vertragsauflösung (§ 23 VGG; Art. L. 224–25–22 Code cons.; Art. 135-octiesdecies Abs. 6

---

95 Vgl. zum Begriff *B. Schinkels*, Zur Abgrenzung von zulässiger Beschaffenheitsvereinbarung und Umgehung der Gewährleistung beim Verbrauchsgüterkauf, ZGS 2003, S. 310.
96 *Faber* (Fn. 12), § 6 VGG Rn. 4 f.
97 *Laimer* (Fn. 14), § 6 VGG Rn. 17 f.; *Maniaci* (Fn. 51), Art. 130 Anm. 3.
98 *Laimer*, Privatautonome Gestaltung (Fn. 34).
99 *B. A. Koch/C. Kronthaler* in: J. W. Flume u.a. (Hrsg.), VGG – Verbrauchergewährleistungsgesetz, Wien 2022, § 20 VGG Rn. 6.

C. cons.).[100] Das Recht auf Preisminderung – das nur bei entgeltlichen digitalen Leistungen und nicht bei datenfinanzierten Geschäftsmodellen besteht[101] – und die Vertragsauflösung werden durch Gestaltungserklärung ausgeübt, sie müssen nun also auch in Österreich nicht mehr gerichtlich geltend gemacht werden (§§ 22 Abs. 1, 23 VGG).[102] Für die **Rückabwicklung** nach Vertragsauflösung ist ein umfangreicher Pflichtenkatalog sowohl auf Seiten des Unternehmers wie auch des Verbrauchers vorgesehen (§§ 24–26 VGG; Artt. L. 224-25-22 f. Code cons.; Artt. 135-noviesdecies f. C. cons.).[103]

Aus der Warenkauf-Richtlinie kommt auf Rechtsbehelfsebene hingegen nicht sehr viel Neues. Trotzdem ist gerade hierzu vor kurzem die bisher erste höchstgerichtliche Entscheidung zum österreichischen VGG ergangen.[104] Konkret ging es in der Entscheidung um die von Art. 13 Abs. 4 lit. c WKRL vorgesehene Regelung, wonach der Verbraucher (die erste Ebene der Rechtsbehelfe übergehen kann und) unmittelbar das Recht hat, den Preis zu mindern oder den Vertrag aufzulösen, wenn der Mangel derart schwerwiegend ist, dass eine sofortige Preisminderung oder Vertragsauflösung gerechtfertigt ist.[105] Der österreichische Oberste Gerichtshof (OGH) setzte sich damit auseinander, wann ein derart gravierender Mangel vorliegt (im konkreten Fall war die Felge des rechten Hinterrads eines verkauften Gebrauchtwagens deformiert und tiefer als 1 mm geschürft), und führte aus, „dass ein **schwerwiegender Mangel**, der zum sofortigen Umstieg auf die sekundären Gewährleistungsbehelfe berechtigt, jedenfalls dann vorliegt, wenn er die Möglichkeit des Verbrauchers zur normalen Verwendung der Sache ernsthaft beeinträchtigt und darüber hinaus sicherheitsrelevant ist. Die Frage, ob (und bejahendenfalls wie einfach oder kostengünstig) der vertragsgemäße Zustand herstellbar ist, stellt sich bei einem solchen Mangel nicht […]. Wegen des – angesichts der Natur des Mangels und seiner möglichen Auswirkungen nachvollziehbaren – Verlusts des Vertrauens soll

---

100 *Borghetti*, France (Fn. 22), Rn. 59 ff.; *C. Sartoris*, La risoluzione della vendita di beni di consume nella dir. n. 771/2019 UE, NGCC 2020, II, 720.
101 § 20 Abs. 5 VGG; Art. 135-octiesdecies Abs. 4 C. cons.
102 *J. W. Flume* in: J. W. Flume u.a. (Hrsg.), VGG – Verbrauchergewährleistungsgesetz, Wien 2022, § 23 VGG Rn. 1 ff.
103 *Faber* (Fn. 12), § 24 Rn. 1 ff.; *Flume* (Fn. 102), § 24 VGG Rn. 3 ff.; *de Lucia* (Fn. 71), Art. 135-noviesdecies Anm. 1 ff.
104 OGH 27.9.2023, 9 Ob 41/23d, EvBl 2024, 104.
105 Siehe hierzu etwa *K. Huber*, Ausgewählte Fragen zur Hierarchie der Gewährleistungsbehelfe, ÖJZ 2023, 636 (638).

dem Verbraucher eine (wenn auch einfach und kostengünstig mögliche) Verbesserung eben nicht zugemutet werden. Überdies setzt der Tatbestand des § 12 Abs 4 Z 1 VGG die Möglichkeit einer Verbesserung oder des Austauschs geradezu voraus, weil die Unmöglichkeit von Verbesserung und Austausch ohnedies – unabhängig von der Schwere des Mangels – zum sofortigen Umsteigen auf die sekundären Gewährleistungsbehelfe berechtigen würde." Angesichts der bestehenden Diskussionen um die Bedeutung und Reichweite der Bestimmung,[106] hätte der OGH den EuGH um Vorabentscheidung ersuchen können.[107] Im konkreten Fall kann man sich dem Ergebnis des OGH, dass die mit einem Sicherheitsrisiko verbundene Mangelhaftigkeit eines Gebrauchtwagens jedenfalls unter § 12 Abs. 4 Z. 1 VGG zu subsumieren sei, m.E. aber schon anschließen.[108]

V. Fazit

Insgesamt zeigt sich, dass die wesentlichsten Innovationen von der Digitale Inhalte-Richtlinie ausgehen, während die Warenkauf-Richtlinie nur einige Neuerungen bringt. Trotz des grundsätzlichen Vollharmonisierungsansatzes hat der Unionsgesetzgeber viele legislative Entscheidungen von der europäischen auf die nationale Ebene verschoben, indem den Mitgliedstaaten mehrere Umsetzungsoptionen eröffnet wurden, die (leider) – und das wird schon bei der Gegenüberstellung der Situation in Österreich, Frankreich und Italien deutlich – teils sehr unterschiedlich genutzt wurden (z.B. bei den Gewährleistungs-, Verjährungs- und Beweislastumkehrfristen), was

---

106 So ist etwa umstritten, ob die Schwere des Mangels allein ausschlaggebend ist oder ob zusätzliche Elemente vorliegen müssen, damit der Verbraucher sofort auf die zweite Rechtsbehelfsebene wechseln kann; vgl. *Zöchling-Jud,* Das neue Europäische Gewährleistungsrecht (Fn. 2), 128; *W. Faber,* Rechtsbehelfe beim Warenkauf nach dem VGG, ÖJZ 2022, 123 (128); *B. A. Koch/C. Kronthaler* in: J. W. Flume u.a. (Hrsg.), VGG – Verbrauchergewährleistungsgesetz, Wien 2022, § 12 VGG Rn. 14; unklar ist auch, ob alle Umstände des Einzelfalles zu berücksichtigen sind oder nur solche, die einen unmittelbaren Bezug zum Mangel aufweisen; vgl. etwa RegE BT-Drs 19/27424, 37 f.; *B. Gsell* in: J. von Staudingers Kommentar zum Bürgerlichen Gesetzbuch: Eckpfeiler des Zivilrechts, 8. Aufl., Berlin 2022, Rn. K 84; *Metzger* (Fn. 22), § 327 BGB Rn. 6; *Martens,* Schuldrechtsdigitalisierung (Fn. 92) Rn. 112.
107 *W. Faber,* Schwerwiegender Mangel nach VGG (Anmerkung zu OGH 27.9.2023, 9 Ob 41/23d), EvBl 2024, 106 (107) geht von einer Vorlagepflicht aus.
108 Siehe weitergehend *C. Kronthaler/S. Laimer,* Schwerwiegender Mangel nach dem VGG (zu OGH 27.9.2023, 9 Ob 41/23d), ZVR 2024, 243 (246).

dem Vereinheitlichungsziel zweifellos abträglich ist.[109] Kritisch zu bemerken ist auch der Minimalismus, der zum Teil von den nationalen Umsetzungsgesetzgebern an den Tag gelegt wird, zumal viele Richtlinienbestimmungen nahezu wortgleich übernommen und Schwächen, die bereits seit der Transformation der Verbrauchsgüterkauf-Richtlinie in den Rechtsordnungen bestehen, erneut nicht beseitigt wurden.[110]

Inhaltlich kann man etwa mit Blick auf den Sachmangelbegriff festhalten, dass angesichts der hohen Hürden, die nach den jeweiligen Umsetzungsbestimmungen für eine negative Abweichung bestehen, den objektiven Qualitätskriterien nunmehr nahezu zwingende Geltung zukommt.[111] Das komplizierte Prozedere für die vertragliche Gestaltung ist für das (speziell stationäre) Massengeschäft kaum geeignet.[112] Der Unternehmer muss, insbesondere beim Vertrieb von innovativen Produkten, sein Augenmerk viel mehr als bisher auf die deutliche Abgrenzung von den bereits etablierten Produktgattungen legen, denn die objektivierte Verbrauchererwartung knüpft an die Vergleichsgattung an.[113]

Als kleinen Ausblick kann man zum Abschluss die unter dem Schlagwort „Recht auf Reparatur" präsentierten Vorschläge nennen.[114] Für den engeren Bereich der Gewährleistung ist damit bereits die erste Änderung der Warenkauf-Richtlinie angedacht; dem Verbraucher soll aus Gründen der Nachhaltigkeit die Wahlfreiheit zwischen Verbesserung und Austausch der mangelhaften Ware genommen werden. Weniger als ein Recht, wäre es also eine Pflicht des Verbrauchers, die Reparatur zu akzeptieren.[115] Für Diskussionsstoff ist also weiterhin gesorgt.

---

109 Krit. etwa *Coppini*, Armonizzazione (Fn. 54), 491 ff.
110 So bezeichnet etwa *Luminoso*, La nuova disciplina (Fn. 23), 514, die Umsetzung durch den italienischen Gesetzgeber als „enttäuschend".
111 *Gsell*, Informationspflichten (Fn. 86) 130.
112 Vgl. *Laimer*, Beschränkung (Fn. 73), S. 279; *Flume*, Digitale Leistungen (Fn. 10), 144.
113 *Laimer*, Privatautonome Gestaltung (Fn. 34).
114 Kommissionsvorschlag „für eine Richtlinie des Europäischen Parlaments und des Rates über gemeinsame Vorschriften zur Förderung der Reparatur von Waren und zur Änderung der Verordnung (EU) 2017/2394 und der Richtlinien (EU) 2019/771 und (EU) 2020/1828", COM (2023) 155 final.
115 Siehe näher *S. Arnold*, Recht auf Reparatur, Baden-Baden 2024, S. 81 ff. m.w.H.

Instanzgerichtliche Judikatur aus Rheinland-Pfalz

Ulf Petry

Abstract: Zum neuen Kaufrecht existierten zum Zeitpunkt der Tagung noch keine Entscheidungen auf Landgerichts- und Oberlandesgerichtsebene. Daher werden sieben Entscheidungen rheinland-pfälzischer Oberlandesgerichte vorgestellt, die mit einer Ausnahme (Entscheidung Nr. 3) auch unter Geltung des neuen Kaufrechts vermutlich gleich entschieden worden wären. Thematisch handeln die Entscheidungen vom Rücktritt vom Gebrauchtwagenkauf in zwei verschiedenen Fallkonstellationen und von der Unanwendbarkeit des kaufrechtlichen Gewährleistungsrechts bei Verursachung eines neuen Mangels im Zuge der Nacherfüllung. Zudem wird die Frage behandelt, ob nach dem Rücktritt wegen Sachmangels den Rücktrittsgegner eine Pflicht zur Rücknahme der Kaufsache trifft, und wie weit der Begriff der „Beschaffenheitsvereinbarung" geht. Zuletzt wird die Arglisthaftung des Verkäufers einer gebrauchten Wohnimmobilie thematisiert, und die Bedeutung und Tragweite eines „Zwischenvergleichs" im Prozess über die Haftung für Sachmangel an einem verkauften Hausanwesen dargestellt.

Autor: Vizepräsident des Oberlandesgerichtes a.D. *Ulf Petry*, Zweibrücken; Seit 1987 im rheinland-pfälzischen Justizdienst: Landgericht Zweibrücken, Amtsgericht Kaiserslautern, Amtsgericht Pirmasens; 2007 Tätigkeit als Vorsitzender Richter am OLG; August 2016 – Juli 2023 Vizepräsident des OLG Zweibrücken

Seit der Umsetzung der europäischen Warenkaufrichtlinie (WKRL – EU RL 2019/771) in das deutsche Recht durch das „Gesetz zur Regelung des Verkaufs von Sachen mit digitalen Elementen und anderer Aspekte des Kaufvertrags" vom 25.06.2021 (BGBl. I 2021, 2133) wurden von rheinland-pfälzischen Gerichten ausweislich der Rechtsprechungsdatenbank des Landes bis dato[1] noch keine Entscheidungen zu den Bestimmungen des „neuen Kaufrechts" veröffentlicht. Auch den von dem Referenten hierzu befragten Praktikern aus der Ziviljustiz des Landes waren etwa ergangene Entscheidungen zu den gesetzlichen Neuregelungen nicht bekannt.

Eine naheliegende Erklärung dafür dürfte sein, dass nach der Übergangsvorschrift des Art. 229 § 58 EGBGB die gesetzlichen Neuregelungen erst für Kaufverträge gelten, die ab dem 01.01.2022 geschlossen wurden und dass aus solchen Verträgen entstandene Rechtsstreitigkeiten bei den durch die Welle von „Dieselklagen" hoch belasteten Zivilgerichten noch nicht spruchreif geworden sind.

---

1 24.11.2023 (Datum der Tagung)

Prognostisch geht die vorläufige Einschätzung der zum reformierten Kaufrecht befragten Praktikerinnen und Praktiker aus der rheinland-pfälzischen Ziviljustiz im Wesentlichen übereinstimmend dahin, dass sich die gesetzliche Neuregelung zum Gleichrang von subjektivem und objektivem Sachmangelbegriff in § 434 BGB im allgemeinen Kaufrecht (insbesondere beim Immobilienerwerb mit rechtskundiger Beratung der Parteien) wohl nicht erheblich auswirken wird, weil es den Vertragschließenden nach § 434 Abs. 3 BGB frei steht, auch konkludent vom objektiven Qualitätsstandard der Kaufsache abweichende negative Beschaffenheitsvereinbarungen zu treffen. Im Ergebnis würden deshalb im allgemeinen Kaufrecht durch die Änderung des Sachmangelbegriffs praktisch keine Änderungen eintreten. Diese Einschätzung erscheint mir, sofern Bestandteil des Kaufgeschäfts nicht auch ein digitales Produkt ist, zutreffend zu sein.

Zu den möglichen Auswirkungen des neuen Verbrauchsgüterkaufrechts (mit den durch § 476 Abs. 1 Satz 2 BGB aufgestellten strengen Anforderungen an die Zulässigkeit einer negativen Beschaffenheitsvereinbarung zulasten von Verbrauchern) zeigt sich kein einheitliches Meinungsbild der Praxis. Beklagt wird jedenfalls, dass die gesetzlichen Regelungen in den §§ 474 ff. BGB durch die aktuelle Reform nochmals unübersichtlicher und komplizierter geworden seien.

Mangels Fallmaterial zum reformierten „neuen" Kaufrecht sollen im Folgenden einige jüngere gerichtliche Entscheidungen der beiden Oberlandesgerichte des Landes Rheinland-Pfalz aus dem Bereich des Kaufrechts vorgestellt werden, auf die jeweils das Bürgerliche Recht in den vor dem 01.01.2022 geltenden Fassungen anzuwenden war. Es geht darin überwiegend um Fallgestaltungen, die exemplarisch sind für die in der gerichtlichen Praxis immer wieder aufgeworfenen Streitfragen. Soweit das Kaufrecht reformiert worden ist, sind in der nachfolgenden Darstellung Vorschriften der früher geltenden Fassung des BGB mit dem Zusatz „a.F." versehen. Die Sachverhalte sind teilweise verkürzt dargestellt.

Nach meinem Dafürhalten wären die von den Gerichten jeweils getroffenen Entscheidungen auch nach der aktuellen Gesetzesfassung des BGB – mit vielleicht einer Ausnahme (nachfolgend Fall 3., PfOLG Zweibrücken, Beschluss vom 22.04.2021, 2 U 46/20) - im Ergebnis nicht anders ausgefallen.

1.

OLG Koblenz 6. Zivilsenat
Urteil vom 25.07.2019 6 U 80/19
(rechtskräftig)
ECLI:DE:OLGKOBL:2019:0725.6U80.19.00
(veröffentlicht u.a. in MDR 2019, 1501 und NJW-RR 2020, 236)

Rücktritt vom Gebrauchtwagenkauf: Ein Mietwagen ist kein „Werkswagen"

Die Prozessparteien stritten um die Rückabwicklung eines im April 2017 geschlossenen Kaufvertrages über ein Gebrauchtfahrzeug. Die Kläger waren Verbraucher; der Beklagte war gewerblich tätiger Kfz-Händler.

Das streitgegenständliche Fahrzeug war ursprünglich auf ein Mietwagenunternehmen zugelassen und von diesem gewerblich zur Vermietung genutzt worden. Im Anschluss an die Nutzung als Mietwagen hatte der Beklagte das Kfz von der Herstellerin (Adam Opel AG) zwecks Weiterveräußerung erworben.

In dem Kaufvertrag mit den Klägern wurde das Fahrzeug ausdrücklich als „Werkswagen" der Fahrzeugherstellerin bezeichnet. Nach späterer Kenntniserlangung von der Vornutzung der Kaufsache als Mietwagen nahmen die Kläger den Beklagten gerichtlich auf Rückabwicklung des Kaufvertrages in Anspruch. Sie stellten sich auf den Standpunkt, dass der PKW mangelhaft sei, weil es sich nicht um einen „Werkswagen" handele. Als solcher könne nur ein Fahrzeug verstanden werden, das von einem Werksmitarbeiter des Herstellers genutzt worden sei. So hätten sie den Begriff „Werkswagen" auch bei Abschluss des Kaufvertrages verstanden.

Der Beklagte verteidigte sich im Prozess u.a. mit dem Vorbringen, dass die Fahrzeugherstellerin, von der er selbst den Wagen erworben hatte, verschiedene Kategorien von „Werkswagen" vermarkte, neben solchen aus dem Leasing an Mitarbeiter und der internen Nutzung als Geschäftswagen auch solche, die zuvor gewerblich als Mietwagen genutzt wurden. Hierüber seien – was im Prozess streitig war – die Kläger auch vor Vertragsschluss aufgeklärt worden. Auch würden sich die verschiedenen Arten von Werkswagen nicht unterscheiden, da alle Fahrzeuge vor dem Weiterverkauf von der Herstellerin vollumfänglich überprüft würden.

Die Klage ist im ersten Rechtszug von dem Landgericht abgewiesen worden, weil ein Anspruch auf Rückabwicklung des Kaufvertrages an dem Nichtvorliegen eines Mangels scheitere. Die Berufung der Kläger führte zum Erfolg.

Das OLG hat ausgeführt, dass den Klägern gegenüber dem Beklagten nach wirksam erklärtem Rücktritt vom Kaufvertrag (§§ 437 Nr. 2, 434 Abs. 1 a.F., 433 BGB) ein Anspruch auf Rückabwicklung (§§ 323, 346, 348 BGB) desselben zustehe. Das verkaufte Fahrzeug sei sachmangelhaft, weil es nicht die zwischen den Parteien vereinbarte Beschaffenheit als „Werkswagen" aufweise (§ 434 Abs. 1 Satz 1 BGB a.F.). Der Senat hat dabei als maßgeblich darauf abgestellt, dass - was allgemeinkundig sei – beim Autokauf nach der im Verkehr der beteiligten Kreise herrschenden Übung der Begriff „Werkswagen" so verstanden werde, dass das Fahrzeug entweder im Werk des Herstellers zu betrieblichen Zwecken genutzt wurde oder von einem Mitarbeiter vergünstigt gekauft, eine gewisse Zeit genutzt und dann auf dem freien Markt weiterverkauft wird.

Der mit diesem Inhalt vereinbarten Beschaffenheit als „Werkswagen" entspreche die Kaufsache nicht, da der PKW tatsächlich ohne jeglichen Bezug zu der Herstellerin als Mietwagen genutzt wurde.

Der Beklagte habe – so das Ergebnis der im Berufungsverfahren durchgeführten Beweisaufnahme – nicht den ihm obliegenden Nachweis geführt, dass die Parteien übereinstimmend und abweichend vom objektiven Inhalt des Formularkaufvertrages von dem von ihm behaupteten weiteren Verständnis des Begriffs des „Werkswagens" ausgegangen wären.

Dass der Beklagte und die Herstellerin den Begriff des „Werkswagens" intern anders definierten, sei für die Auslegung nach dem objektiven Empfängerhorizont nicht maßgeblich.

Eine Fristsetzung durch die Kläger zur Nacherfüllung sei entbehrlich gewesen, weil eine solche unmöglich sei (§ 275 Abs. 1 BGB): Eine Beseitigung des Mangels im Wege der Nacherfüllung (§ 439 Abs. 1 Alt.1 BGB) komme nicht in Betracht, weil sich der Charakter des Mangels als Nicht-Werkswagen nicht durch Nachbesserung korrigieren lasse. Auch die andere Art der Nacherfüllung, die Ersatzlieferung (§ 439 Abs. 1 Alt.2 BGB), komme nach den konkreten Fallumständen nicht in Betracht, weil nicht davon ausgegangen werden könne, dass die Kaufsache nach dem Willen der Beteiligten austauschbar gewesen sei.

2.

PfOLG Zweibrücken 4. Zivilsenat
Urteil vom 30.11.2022 4 U 187/21
(rechtskräftig)

ECLI:DE:POLGZWE:2022:1130.4U187.21.00
(veröffentlicht u.a. in DAR 2023, 511 und BeckRS 2022, 44785)

Kein Recht zum Rücktritt vom Autokaufvertrag allein wegen persönlich „unangenehmen" Fahrgefühls des Erwerbers bei Gefahrenbremsung

Der klagende Autokäufer wollte sich, kurz nachdem er im Jahr 2019 von dem beklagten Autohaus einen neuen Mittelklassewagen für rd. 21.500,00 € erworben hatte, wieder von dem Kaufvertrag lösen und den PKW zurückgeben, weil er den Eindruck gewonnen hatte, das Fahrzeug verhalte sich bei abrupten Bremsmanövern unsicher und es bestünden schwerwiegende Probleme an der Bremsanlage. Die Beklagte hatte das Fahrzeug auf die entsprechende Beanstandung des Klägers mit der Aufforderung zur Mängelbeseitigung hin mehrfach überprüft, jedoch keine Mängel festgestellt, weshalb der Kläger die Kaufsache in unverändertem Zustand zurückerhielt.

Daraufhin erklärte der Käufer den Rücktritt vom Kaufvertrag und verlangte im Klageweg dessen Rückabwicklung. Das Landgericht hat die Klage abgewiesen. Die von dem Kläger dagegen eingelegte Berufung hatte – nach ergänzender Beweisaufnahme im zweiten Rechtszug – keinen Erfolg.

Der sachverständig beratene OLG-Senat hat dahin entschieden, dass dem Kläger gegen die Beklagte weder ein Anspruch auf Rückabwicklung des Kaufvertrages gemäß §§ 433, 434, 437 Nr. 2, 440, 323 BGB zusteht, noch dass er gemäß §§ 433, 434, 437 Nr. 1, 439 BGB die im Prozess hilfsweise begehrte Nacherfüllung verlangen kann.

Denn es liegt kein Sachmangel der Kaufsache i.S.v. § 434 BGB a.F. vor. Hierzu hat der Senat im Wesentlichen ausgeführt:

In Ermangelung einer besonderen Beschaffenheitsvereinbarung oder einer Abrede über den Verwendungszweck komme als Sachmangel lediglich eine Abweichung von der üblichen Beschaffenheit gem. § 434 Abs. 1 Satz 2 Nr. 2 BGB a.F. in Betracht. Ob eine Sache der üblichen Beschaffenheit entspricht, ist danach zu beurteilen, ob sie sich für die gewöhnliche Verwendung eignet und eine Beschaffenheit aufweist, die bei Sachen der gleichen Art üblich ist und die der Käufer nach der Art der Sache erwarten kann. Die Beurteilung dessen bestimmt sich aus der Sicht eines Durchschnittskäufers und damit nach der objektiv berechtigten Käufererwartung. Ein PKW ist für die gewöhnliche Verwendung dann geeignet, wenn er keine technischen Mängel aufweist, die die Zulassung zum Straßenverkehr hindern oder die Gebrauchsfähigkeit aufheben oder beeinträchtigen.

Diesen Anforderungen war im Streitfall nach den Feststellungen des gerichtlich beauftragten Kfz-Sachverständigen genügt. Denn der Gutachter bestätigte als Ergebnis der von ihm durchgeführten Probefahrten nachvollziehbar und überzeugend, dass Sicherheitsmängel am Fahrzeug nicht feststellbar waren. Zwar neige das Heck des Fahrzeugs beim starken Abbremsen (im Sinne einer sog. Gefahrenbremsung) zum Übersteuern (Drehen um die Hochachse). Dieses Phänomen sei für die Insassen auch deutlich wahrnehmbar und könne beim Fahrer kurzzeitig den Eindruck bzw. das unangenehme Gefühl eines unkontrollierten Schleudervorgangs erzeugen. Jedoch reagierten die in dem Fahrzeug verbauten Assistenzsysteme (ABS, elektronische Stabilitätskontrolle) jederzeit zuverlässig, sorgten dafür, dass sich der PKW stabilisiere und verhinderten einen Schleudervorgang.

Den objektiv berechtigten Erwartungen eines Durchschnittskäufers, dass das Fahrzeug auch während eines abrupten Abbremsens kursstabil bleibt und sich spurneutral verhält, wird damit nach der Beurteilung durch das OLG genügt. Insbesondere gehöre nicht zur üblichen Beschaffenheit eines PKW, dass sich dieser auch in im realen Fahrbetrieb sehr seltenen Ausnahmesituationen wie einer Gefahrenbremsung subjektiv „komfortabel" bzw. „angenehm" steuern lasse.

Das Berufungsurteil ist mit folgendem amtlichen Leitsatz veröffentlicht worden:

Beim Autokauf stellt das subjektiv „unangenehme" Empfinden des Käufers von dem Verhalten des Fahrzeugs bei einer sog. Gefahrenbremsung keinen Sachmangel der Kaufsache dar, wenn die darin verbauten Assistenzsysteme technisch ordnungsgemäß arbeiten und das Fahrzeug tatsächlich kurs- und bremsstabil halten.

3.

PfOLG Zweibrücken	2. Zivilsenat
Beschluss vom 22.04.2022	2 U 46/20
(rechtskräftig)	

ECLI:DE:POLGZWE:2021:0422.2U46.20.0
(veröffentlicht u.a. in MDR 2021, 869 und VuR 2021, 311)

Unanwendbarkeit des kaufrechtlichen Gewährleistungsrechts bei Verursachung eines neuen – bei Gefahrübergang noch nicht vorhandenen – Mangels im Zuge von Arbeiten zur Nacherfüllung

Der spätere Kläger kaufte von der späteren Beklagten im Jahr 2018 einen gebrauchten PKW zum Preis von 52.800,00 €. In der Folgezeit bemerkte der Käufer einen Ölverlust am Motor und setzte der Beklagten eine Frist zur Beseitigung dieses Mangels. Im Rahmen der daraufhin in der Werkstatt der Verkäuferin durchgeführten Reparatur wurde der gerügte Ölverlust beseitigt. Gleichwohl erklärte der Käufer kurz danach den Rücktritt vom Kaufvertrag und verlangte die Rückzahlung des Kaufpreises abzüglich einer Nutzungsentschädigung für gefahrene 4.000 km Zug um Zug gegen Rückgabe des PKW. Zur Begründung machte er – soweit hier von Interesse – geltend, der Ölverlust sei zwar beseitigt worden, jedoch habe die Verkäuferin im Zuge der Arbeiten zur Nacherfüllung neue Mängel an dem PKW verursacht. Hierauf werde das Rückabwicklungsverlangen gestützt.

Das Landgericht hat die Klage u.a. deshalb abgewiesen, weil dem Kläger ohne einen weiteren Nachbesserungsversuch kein Rücktrittsrecht zustehe.

Das von dem Kläger dagegen eingelegte Rechtsmittel ist durch einstimmige Entscheidung des Berufungsgerichts wegen offensichtlicher Erfolglosigkeit im Beschlussverfahren nach § 522 Abs. 2 ZPO zurückgewiesen worden.

Der OLG-Senat hat zur Begründung ausgeführt:

Ein Rücktrittsrecht für den Kläger aus dem Sachmängelgewährleistungsrecht (§§ 437 Nr. 2, 323, 440 BGB) komme nicht in Betracht. Dies setze nämlich voraus, dass ein Mangel im Sinne des § 434 BGB bei Gefahrübergang vorlag und eine Nacherfüllung (§ 439 BGB) entweder ausgeschlossen (§ 275 Abs. 1 BGB) oder fehlgeschlagen (§ 440 Satz 2 BGB) ist oder verweigert (§ 323 Abs. 2 Nr. 1 BGB) wurde.

Der bei Gefahrübergang vorhandene Mangel (Ölverlust) sei indes unbestrittenermaßen vollständig beseitigt worden. Es liege auch kein Fehlschlagen der Nacherfüllung deswegen vor, weil die Beklagte nach Behauptung des Klägers bei der Nachbesserung andere – im Zeitpunkt des Gefahrübergangs noch nicht vorhandene – Mängel verursacht habe. Denn ein Fehlschlagen der Nacherfüllung sei allein danach zu beurteilen, ob der ursprüngliche Sachmangel behoben wurde oder nicht.

Wegen der Behebung des Ursprungsmangels sei auch kein Anspruch auf Kaufpreisrückzahlung als Schadensersatz statt der (ganzen) Leistung nach

§§ 437 Nr. 3, 440, 280 Abs. 1, Abs. 3, 281 BGB gegeben. Die angeblich bei Gelegenheit der Nacherfüllung verursachten neuen Mängel beträfen nicht das Äquivalenz- bzw. Erfüllungsinteresse (Beseitigung des Mangels), sondern das Integritätsinteresse (Mangelverursachung an zuvor mangelfreier Stelle). Wegen dieser Schädigung wäre nur das Verlangen von Schadensersatz neben der Leistung aus § 280 Abs. 1 BGB statthaft. Dieser Anspruch sei aber nur auf die Beseitigung des neuen Schadens gerichtet und nicht auf die Rückabwicklung des Kaufvertrages.

Die Normen des kaufrechtlichen Gewährleistungsrechts seien auf den Fall der Mangelverursachung bei der Vornahme von Gewährleistungsarbeiten auch nicht analog anwendbar, weil es an einer planwidrigen Regelungslücke fehle. Der Verkäufer, der im Zuge der Nachbesserung einen neuen Mangel verursacht, verletze regelmäßig die aus § 241 Abs. 2 BGB resultierende Nebenpflicht auf Rücksichtnahme auf die Rechtsgüter des anderen Teils und löse ggfs. ein Rücktrittsrecht nach § 324 BGB bzw. einen Anspruch auf Schadensersatz statt der ganzen Leistung nach §§ 280 Abs. 1, Abs. 3, 282 BGB aus. Mit Blick darauf bestehe auch unter Berücksichtigung einer mit der Verbrauchsgüterkaufrichtlinie (RL 1999/44/EG) konformen Normauslegung kein Analogiebedürfnis.

Letztlich lagen im Streitfall, wie in dem OLG- Beschluss im Einzelnen ausgeführt wird, die Rückabwicklungsvoraussetzungen weder unter dem Aspekt des Rücktritts wegen Nebenpflichtverletzung (§ 324 BGB) noch unter Schadensersatzgesichtspunkten (§§ 280 Abs. 1, Abs. 3, 282 BGB) vor. Es konnte schon keine Nebenpflichtverletzung durch die Beklagte bei der Nachbesserung bewiesen werden; jedenfalls wäre dem Kläger aber das Festhalten am Vertrag nicht unzumutbar gewesen.

Hinweis:

Die in der Entscheidung des OLG referierte Rechtslage bei der Verursachung neuer Mängel im Zuge von Nacherfüllungsarbeiten hat sich durch das „neue Kaufrecht" für ab dem 01.01.2022 geschlossene Verbrauchsgüterkaufverträge geändert.

Nach der Sonderbestimmung des § 475d Abs. 1 Nr. 2 BGB, der die Richtlinienvorgabe aus Art. 13 Abs. 4 Buchstabe b WKRL umsetzt, bedarf es beim Rücktritt des Verbrauchers vom Vertrag nach den Vorschriften des Mängelrechts, abweichend von § 440 Satz 2 BGB, keiner Fristsetzung, wenn sich trotz vom Unternehmer versuchter Nacherfüllung „ein" Mangel zeigt. Das kann nach den Gesetzesmaterialien (RegE, BT-Drs. 19/27424, 37) entweder derjenige Mangel sein, der Gegenstand des Nacherfüllungsanspruchs war, oder ein neuer anderer Mangel, der von dem Unternehmer im Rahmen der Nacherfüllung verursacht worden ist (BeckOK BGB/Faust, 67. Ed. 1.8.2023, BGB § 475d Rn. 17).

4.

PfOLG Zweibrücken 4. Zivilsenat
Urteil vom 27.05.2021 4 U 96/20

ECLI:DE:POLGZWE:2021:0527.4U96.20.00
(veröffentlicht u.a. in ZfBR 2021, 755 und BeckRS 2021, 12409)

Zur Frage, ob nach wegen eines Sachmangels erfolgtem Rücktritt von einem zwischen Unternehmen geschlossenen Kaufvertrag den Rücktrittsgegner eine Rechtspflicht zur Rücknahme der Kaufsache trifft.

(Sachverhalt stark verkürzt und vereinfacht dargestellt)
(z. Ztp. der Tagung nicht rechtskräftig; anhängig BGH, VII ZR 164/21)

Die Parteien des Rechtsstreits sind Kaufleute. Die Klägerin betreibt als Handelsgesellschaft ein Bauunternehmen, die Beklagte in der Rechtsform der GmbH einen Baustoffhandel.

Die Klägerin kaufte von der Beklagten im Jahr 2012 für 156.000 € Schotter, der zur Herstellung des Unterbaus für einen Park- und Containerverladeplatz auf dem Grundstück eines Bauherrn der Klägerin bestimmt war. Die beklagte Verkäuferin bezog das Baumaterial ihrerseits über einen Zwischenhändler, welcher den Schotter wiederum bei dessen Hersteller bestellte. Der Hersteller lieferte den Schotter direkt an die Baustelle der Klägerin, wo er von dieser verbaut wurde.

Als sich später herausstellte, dass der Schotter eine unzulässige Schadstoffbelastung mit Arsen aufwies, wurde die Klägerin von dem Bauherrn erfolgreich in Anspruch genommen, den Schotter auszubauen und auf ihre Kosten zu entsorgen.

In einem daraufhin geführten Vorprozess zwischen den jetzigen Prozessparteien wurde die Beklagte – mit der rechtlichen Begründung eines wirksamen Rücktritts der Klägerin von dem Kaufvertrag wegen Sachmangels – rechtskräftig zur Rückzahlung des Kaufpreises für den Schotter verurteilt; darüber hinaus wurde in dem Urteil die Verpflichtung der Beklagten festgestellt, die Mehrkosten für die Ersatzbeschaffung von Austauschmaterial an die Klägerin zu zahlen.

Im Anschluss daran forderte die Klägerin die Beklagte erfolglos zur Abholung des von ihr, der Klägerin, bereits zum Teil ausgebauten mangelhaften Schotters von der Baustelle auf.

In dem hier referierten Rechtsstreit verlangt die Klägerin von der Beklagten nunmehr einen Teilbetrag von 1,3 Mio. € der von ihr auf 2,1 Mio. € veranschlagten Kosten für den Ausbau und die Entsorgung des arsenbelasteten Schotters und für die Neuherstellung des Park- und Verladeplatzes.

Die Klage hatte vor dem Berufungsgericht, wie zuvor bereits im ersten Rechtszug, keinen Erfolg.

Das Oberlandesgericht hat dahin entschieden, dass die klagende Käuferin von der beklagten Verkäuferin Schadensersatz weder aus kaufrechtlicher Mängelgewährleistung noch wegen Verletzung einer Rechtspflicht zur Rücknahme der Kaufsache im Rückgewährschuldverhältnis nach Rücktritt vom Kaufvertrag beanspruchen kann.

Dafür waren folgende Erwägungen maßgeblich:

Auf den zwischen den Parteien als Unternehmern im Jahr 2012 geschlossenen (Handels-) Kaufvertrag waren gem. Art. 229 § 39 EGBGB die Vorschriften des BGB zur kaufrechtlichen Mängelhaftung in der bis zum 01.01.2018 geltenden Fassung anzuwenden.

Nach den näheren Fallumständen scheiterte ein gewährleistungsrechtlicher Schadensersatzanspruch auf Ersatz der Kosten für den Ausbau des mangelhaften Schotters und den Wiedereinbau von Ersatzmaterial gem. §§ 437 Nr. 3, 280 Abs. 1, 281 BGB i.V.m. §§ 433 Abs. 1 Satz 2, 434 BGB daran, dass die Beklagte als Letztverkäuferin in dem Streckengeschäft die sich aus der Mangelhaftigkeit der Kaufsache ergebende Pflichtverletzung nicht zu vertreten hatte (§ 280 Abs. 1 Satz 2 BGB). Die Beklagte musste sich auch kein Fremdverschulden in der Lieferkette zurechnen lassen, weil weder der Hersteller noch der Vorlieferant des Verkäufers dessen Erfüllungsgehilfen bei der Erfüllung der Verkäuferpflichten gegenüber dem Käufer sind.

Deshalb konnte im Urteil u.a. unentschieden bleiben, ob die Klägerin kaufrechtlicher Mängelansprüche nach § 377 Abs. 2 HGB verlustig gegangen war, weil sie eine Untersuchung der Kaufsache bei der Anlieferung des Schotters an die Baustelle unterlassen hatte.

Im Weiteren hat der Senat auch Ansprüche der Klägerin auf Rücknahme des Schotters nach den Vorschriften über den Rücktritt vom Kaufvertrag verneint.

Einen verschuldensunabhängigen Anspruch auf Ersatz von Kosten für den Ausbau des mangelhaften Schotters und die Remontage des an dessen

Stelle in das Grundstück einzubringenden Ersatzmaterials gewährte das Rücktrittsrecht nach der vor dem 01.01.2018 (Inkrafttreten des BauVtrR-RefG) geltenden Rechtslage nicht.

Nach den weiteren Ausführungen in dem Berufungsurteil kann die Klägerin einen Schadensersatzanspruch aus § 280 Abs. 1 BGB auch nicht darauf stützen, dass die Beklagte eine behauptete Pflicht zur Rücknahme des mangelhaften Schotters im Rückgewährschuldverhältnis nach §§ 346 ff. BGB schuldhaft verletzt und deswegen die Kosten für den Ausbau, den Abtransport und die Entsorgung der arsenbelasteten Kaufsache zu tragen habe.

Denn eine solche Rechtspflicht des Rücktrittsgegners zur Rücknahme der Kaufsache bestehe unter der Geltung des mit Wirkung ab dem 01.01.2002 reformierten Schuldrechts – im Gegensatz zur Rechtslage bei der kaufrechtlichen Wandelung vor der Schuldrechtsmodernisierung (BGHZ 87, 104 – „Dachziegelfall") – jedenfalls dann nicht, wenn – wie im Streitfall – kein Verbrauchsgüterkauf, sondern ein Kaufvertrag zwischen Unternehmen in Rede stehe.

Nach von dem OLG-Senat für zutreffend gehaltener Auffassung gibt § 346 Abs. 1 BGB dem Verkäufer allein den Anspruch auf Rückgewähr der Kaufsache, verpflichtet ihn aber nicht zur Rücknahme, also zur Abnahme der vom Käufer zurückzugebenden Sache. Verzichte der Verkäufer, aus welchen Gründen auch immer, auf den Rückerhalt der Kaufsache, mache er sich deswegen nicht gegenüber dem vom Vertrag zurückgetretenen Käufer schadensersatzpflichtig.

Nach dem für den Kaufvertrag aus dem Jahr 2012 maßgeblichen kaufrechtlichen Gewährleistungssystem hätte die Beklagte für die mit der Klage geltend gemachten Ausbau- und Entsorgungskosten nur gehaftet, wenn ihr – wie jedoch tatsächlich nicht – bezüglich der Verletzung ihrer Vertragspflicht zur Lieferung einer mangelfreien Sache ein Verschulden anzulasten gewesen wäre. Diese Konzeption des Gewährleistungssystems dürfe nach der Rechtsüberzeugung des Senats nicht dadurch ausgehebelt werden, dass man in § 346 Abs. 1 BGB eine Rechtspflicht des Verkäufers zur Rücknahme der Kaufsache hineinlese. Eine solche Pflicht lasse sich – entgegen Stimmen in der Literatur – auch nicht für Ausnahmefälle aus einer analogen bzw. „spiegelbildlichen" Anwendung von § 433 Abs. 2 BGB oder aus dem Grundsatz von Treu und Glauben (§ 242 BGB) herleiten.

Beschränkt auf die von dem Senat als von grundsätzlicher Bedeutung angesehene Frage, ob und ggfs. unter welchen Voraussetzungen nach Rücktritt vom Kaufvertrag eine verschuldensunabhängige Rechtspflicht des Rücktrittsgegners zur Rücknahme der Kaufsache besteht, hat das OLG gem. § 543 Abs. 2 Nr. 1 ZPO die Revision zugelassen. Über das von der Klägerin eingelegte Rechtsmittel (Aktenzeichen des BGH: VIII ZR 164/21) ist bis dato noch nicht abschließend entschieden. Der Bundesgerichtshof hat jedoch mit Beschluss vom 27.09.2023 (BeckRS 2023, 31786) ausgesprochen, dass die Beschränkung der Revisionszulassung durch das Berufungsgericht teilweise unwirksam ist, weil der von der Klägerin geltend gemachte Schadensersatzanspruch wegen Verletzung von Pflichten der Beklagten im Rahmen des Rückgewährschuldverhältnisses nicht in tatsächlicher und rechtlicher Hinsicht unabhängig von dem ebenfalls geltend gemachten Schadensersatzanspruch wegen einer Mangelhaftigkeit des gelieferten Schotters beurteilt werden könne.

Hinweis:

Für Kaufverträge, die ab dem 01.01.2022 geschlossen wurden, bestimmt § 439 Abs. 6 Satz 2 BGB (in Umsetzung der Vorgabe aus Art. 14 Abs. 2 Satz 2 WKRL), dass der Verkäufer die im Wege der Nacherfüllung ersetzte Sache auf seine Kosten zurückzunehmen hat. Die davon zu unterscheidende Frage nach dem Bestehen einer Rücknahmepflicht in einem Rückgewährschuldverhältnis nach erfolgtem Rücktritt vom Vertrag dürfte dadurch nicht beantwortet sein.

5.

OLG Koblenz
Urteil vom 17.05.2023
(rechtskräftig)

15. Zivilsenat
15 U 1098/22

ECLI:DE:OLGKOBL:2023:0517.15U1098.22.00
(veröffentlicht u.a. in MDR 2023, 976 und ZWE 2023, 254)

Die Formulierung im Eigentumswohnungskaufvertrag, der Anteil an der „nach Angaben" in näher genannter Höhe bestehenden Instandhaltungsrücklage (jetzt: Erhaltungsrücklage) sei „im Kaufpreis enthalten", stellt keine Beschaffenheitsvereinbarung dar.

Die klagende Käuferin erwarb von dem beklagten Verkäufer im Juni 2019 eine in einer Zweiergemeinschaft belegene Eigentumswohnung unter „Ausschluss sämtlicher Ansprüche und Rechte wegen eines Sachmangels". Im notariellen Kaufvertrag war u.a. Folgendes geregelt: „Der Anteil an der Instandhaltungsrücklage beträgt nach Angaben zum 10.05.2019 31.530,46 €, ist im Kaufpreis enthalten und geht mit Besitzübergang über."

In dem der Klägerin vor Vertragsschluss übergebenen Exposé des von dem Beklagten beauftragten Maklers waren anstehende Arbeiten im Umfang von ca. 50.000,00 €, davon ca. 30.000.00 € „Dachsanierung", aufgeführt mit dem Zusatz „Rücklagen vorhanden" bzw. auf dem Hausverwalterkonto „geparkt".

Das (einzige) Hausverwalterkonto der Wohnungseigentümergemeinschaft wies am 10.05.2019 tatsächlich ein Guthaben von 52.550,78 € auf, wobei der Anteil der verkauften Wohnung rechnerisch einem Betrag von 31.530, 46 € entsprach.

Zur Begründung der von ihr in Höhe von 31.540, 46 € erhobenen Schadensersatzklage gegen den Verkäufer machte die Klägerin geltend, sie sei bei Abschluss des Kaufvertrages davon ausgegangen, dass dieser Betrag als Instandhaltungsrücklage vorhanden sei und für die notwendige Dachsanierung zur Verfügung stehe. Tatsächlich handele es sich bei dem Guthaben auf dem WEG-Hausverwalterkonto jedoch nicht um eine Instandhaltungsrücklage, sondern das Geld resultiere aus Schadensersatzansprüchen gegen Bauunternehmen und werde zur weiteren Schadensbeseitigung benötigt; für die Dachsanierung könne das Geld nicht verwendet werden.

Mit Blick auf den vereinbarten Gewährleistungsausschluss für Sachmängel konnte die Klage nur Aussicht auf Erfolg haben, falls der Kaufsache eine zwischen den Parteien vereinbarte Beschaffenheit i.S.v. § 434 Abs. 1 Satz 1 BGB a.F. fehlte oder wenn der Beklagte i.S.v. § 444 BGB arglistig falsche Angaben über die Eigenschaften des Kaufgegenstandes gemacht hatte.

Das im ersten Rechtszug angegangene Landgericht hat den beantragten Schadensersatz zugesprochen und zur Begründung ausgeführt: Die Kaufsache sei mangelhaft gewesen, weil die Parteien bei entsprechender Auslegung des Kaufvertrages mit der betragsmäßigen Nennung der Instandhaltungsrücklage eine Vereinbarung über die Beschaffenheit der Sache getroffen hätten, die diese nicht erfülle. Da der Klägerin im Exposé vorgespiegelt worden sei, dass eine Rücklage von etwa 50.000 € vorhanden sei und der Beklagte sich das Handeln des von ihm eingeschalteten Maklers zurechnen lassen müsse, greife der Haftungsausschluss nicht.

Die dagegen eingelegte Berufung des Beklagten hatte Erfolg.

Das Oberlandesgericht hat einen Anspruch der Klägerin auf Schadensersatz gem. §§ 280 Abs. 1, 437 Nr. 3, 434 Abs. 1 Satz 1 a.F. BGB verneint.

In Bezug auf die Instandhaltungsrücklage (seit 01.12.2020: Erhaltungsrücklage, § 19 Abs. 2 Nr. 4 WEG) hätten die Parteien mit der im Vertrag gewählten Formulierung „der Anteil an der Instandhaltungsrücklage beträgt nach Angaben..." – entgegen der Auffassung des Erstgerichts – keine Beschaffenheit der Kaufsache vereinbart. Mit dem Zusatz „nach Angaben" bringe der beklagte Verkäufer hinreichend deutlich zum Ausdruck, dass es sich dabei nicht um eigenes Wissen des Verkäufers handele. Schon angesichts dessen könne der Käufer nicht erwarten, der Verkäufer wolle in vertragsmäßig bindender Weise die Haftung für die Richtigkeit der Angabe übernehmen und für Folgen des Fehlens der betreffenden Eigenschaft einstehen.

Gegen die Annahme einer Beschaffenheitsvereinbarung spreche bei interessengerechter Auslegung auch, dass die Instandhaltungsrückstellung nicht – auch nicht anteilig – Vermögen des Wohnungseigentümers ist, sondern Vermögen der Gemeinschaft der Wohnungseigentümer (§ 9a Abs. 3 WEG), worüber ein Wohnungseigentümer nicht allein rechtsgeschäftlich verfügen kann.

Auch der Umstand, dass die Höhe einer Instandhaltungsrücklage regelmäßig kalkulatorischen Einfluss auf die Bemessung des Kaufpreises habe, führe zu keiner anderen Beurteilung. Der Umstand, dass etwas wertbildender Faktor sei, begründe für sich genommen noch keine Beschaffenheitsvereinbarung i.S.v. § 434 Abs. 1 Satz 1 BGB a.F.

Im Weiteren hat der Senat auch die Voraussetzungen des § 434 Abs. 1 Satz 2 Nr. 2, Satz 3 BGB a.F. als nicht erfüllt angesehen. Vielmehr habe die Klägerin letztlich genau das vertraglich Vereinbarte erhalten, nämlich das Wohnungseigentum in einer Wohnungseigentümergemeinschaft, auf deren – einzigem – Konto sich ein Guthaben befand, dessen Höhe sowohl mit dem Kaufvertrag als auch mit den im Exposé enthaltenen Angaben übereinstimmte.

Unrichtige und erst recht nicht i.S.v. § 444 BGB arglistige Angaben über die Eigenschaften der Kaufsache seien aus den im Urteil ausführlich dargelegten Gründen nicht gemacht worden; damit bleibe auch kein Raum für ein etwaiges Verschulden aus Vertragsschluss wegen vorsätzlich falscher Verkäuferangaben über Eigenschaften der Kaufsache.

6.

PfOLG Zweibrücken 4. Zivilsenat
Urteil vom 24.09.2020 4 U 20/20
(rechtskräftig)

ECLI:DE:POLGZWE:2020:0924.4U20.20.00
(veröffentlicht u.a. BeckRS 2020, 63121)

Arglisthaftung des Verkäufers einer gebrauchten Wohnimmobilie wegen von außen in den Keller eindringender Nässe

Die Kläger kauften von der Beklagten im Jahr 2017 unter weitem Ausschluss der Gewährleistung für Sachmängel eine Wohnimmobilie in Frankenthal (Pfalz). Die Beklagte hatte das mit einem 1957 errichteten Wohnhaus bebaute Grundstück selbst im Jahr 2014 erworben. Danach hatte der Ehemann der Beklagten als Laie „Heimwerkerarbeiten" zur Beseitigung von Feuchtigkeitsschäden im Keller vorgenommen.

Die Vertragsverhandlungen zwischen den Parteien über den Verkauf des Hauses führte auf Verkäuferseite der Ehemann der Beklagten. Dieser überreichte den Klägern auch ein von ihm gefertigtes Exposé, worin der Objektzustand mit „vollständig renoviert" angegeben und auf einen „gepflegten Zustand" des Kellers hingewiesen wurde.

Nachdem die Kläger im Jahr 2018 nach Übergabe der Kaufsache eine starke Durchfeuchtung der Kelleraußenwände feststellten, nahmen sie die Beklagte – ohne vorheriges Nacherfüllungsverlangen – im Klageweg auf Ersatz der fiktiven Mangelbeseitigungskosten in Höhe von rund 26.000 € in Anspruch.

Die Berufung der Beklagten gegen das erstinstanzliche Urteil, mit welchem den Klägern die Klagesumme als (kleiner) Schadensersatz statt der Leistung gem. §§ 437 Nr. 3, 434, 280 Abs. 1, Abs. 3, 281 BGB zuerkannt wurde, blieb ohne Erfolg.

Zur Begründung hat der Senat – unter Berufung auf gefestigte Rechtsprechung des Bundesgerichtshofs – ausgeführt:

Entgegen der Auffassung des Erstgerichts hätten die Parteien im Hinblick auf die Kellerabdichtung zwar keine Beschaffenheitsvereinbarung (§ 434 Abs. 1 Satz 1 BGB a.F.) getroffen, da die im Exposé aufgeführten Eigenschaften keinen Eingang in den Text der notariellen Kaufurkunde gefunden hätten. Eine Beschreibung von Eigenschaften eines Grundstücks durch den Verkäufer vor Vertragsschluss, die in dem Notarvertrag keinen Niederschlag findet führe regelmäßig nicht zu einer Beschaffenheitsvereinbarung.

Indes habe das Landgericht einen Sachmangel zutreffend bejaht, weil die Kellerabdichtung negativ von der Beschaffenheit abweiche, die bei Sachen der gleichen Art üblich ist und die der Käufer nach der Art der Sache erwarten kann (§ 434 Abs. 1 Satz 2 Nr. 2 BGB a.F.). Zu dieser Beschaffenheit gehörten auch Eigenschaften, die der Käufer nach den öffentlichen Äußerungen des Verkäufers oder seines Gehilfen erwarten darf. Dazu zählten

Angaben in einem Exposé, wobei es keinen Unterschied mache, ob es sich um ein von dem Verkäufer selbst erstelltes Exposé oder um ein Maklerexposé handele.

Aus der Beschreibung des Objektzustandes im Exposé als „vollständig renoviert" ergebe sich die Erwartung, dass der Keller gegen Feuchtigkeit mindestens so abgedichtet sei, wie dies im Jahr seiner Errichtung zu erwarten war. Tatsächlich weise der Keller nach den Feststellungen des gerichtlich beauftragten Bausachverständigen keinen hinreichenden Schutz gegen von außen eindringender Nässe auf. Eine solche Abdichtung sei aber bereits in der DIN 4117 von 1950 vorgeschrieben und mithin für das im Jahr 1957 errichtete Wohngebäude maßgeblich.

Zwar habe der Sachverständige erklärt, dass bei einem in den 1950-er Jahren errichteten Haus in Frankenthal mit einem feuchten Keller zu rechnen sei. Dies bedeute, so der Senat, aber nicht, dass eine Durchfeuchtung in dem im Streitfall festgestellten Umfang üblich wäre. Insoweit habe der Sachverständige überzeugend dargelegt, dass bei einem 1957 errichteten Haus eine Durchfeuchtung im direkten Boden-Wandanschlussbereich als normal angesehen werden könne, nicht jedoch die von ihm vor Ort festgestellte Durchfeuchtung der gesamten Kelleraußenwand.

Auf den vertraglich vereinbarten Haftungsausschluss konnte sich die Beklagte nicht berufen, da der Mangel der fehlenden oder fehlerhaften Abdichtung des Kellers arglistig verschwiegen worden war (§ 444 BGB).

Ohne Bedeutung sei die Frage, ob die Beklagte oder ihr Ehemann zwischen dem Abschluss der Sanierungsarbeiten 2014 und der Übergabe des Grundstücks an die Kläger erneut Feuchtigkeit an den Kellerwänden bemerkt hätten. Beide hätten seit dem Erwerb des Grundstücks von der Feuchtigkeitsproblematik im Keller gewusst. Aufgrund dieser Kenntnis sei die Beklagte den Klägern zur Offenlegung der 2014 festgestellten Feuchtigkeit verpflichtet gewesen, zumal diese im Besichtigungstermin ausdrücklich nach Feuchtigkeit im Keller gefragt hätten.

Die Beklagte treffe auch der Vorwurf der Arglist. Nach ständiger Rechtsprechung handele arglistig i.S.v. § 444 BGB bei Täuschung durch Verschweigen eines offenbarungspflichtigen Mangels, wer einen Sachmangel mindestens für möglich hält und gleichzeitig weiß oder damit rechnet und billigend in Kauf nimmt, dass der Vertragsgegner den Sachmangel nicht kennt und bei Offenbarung den Vertrag nicht oder nicht mit dem vereinbarten Inhalt geschlossen hätte.

Diese Voraussetzungen sah der Senat als erfüllt an:

Der Ehemann der Beklagten, dessen Wissen und Handlungen sie sich gem. §§ 164 ff. BGB zurechnen lassen musste, habe im Exposé einen vollständig sanierten Keller suggeriert, obwohl er die Sanierungsmaßnahmen selbst durchgeführt hatte und kein Fachmann war. Dabei sei ihm bekannt gewesen, dass in der Vergangenheit Feuchtigkeitsschäden aufgetreten waren. Wenn er vor diesem Hintergrund auf Nachfrage der Kläger eine Feuchtigkeit im Keller verneinte, ohne weitere Angaben zum ursprünglichen Zustand und den von ihm ergriffenen Sanierungsmaßnahmen zu machen, habe er gewusst, dass hierfür keine sichere Tatsachengrundlage bestand. Dies rechtfertige den Vorwurf einer – Arglist begründenden – Angabe „ins Blaue" hinein.

Wegen des der Beklagten zurechenbaren arglistigen Verschweigens eines Mangels bei Vertragsschluss seien die Kläger nicht gehalten gewesen, ihr zunächst die Möglichkeit zur Nacherfüllung einzuräumen.

Der Senat hat in seinem Urteil die Revision zugelassen, weil zur Frage, ob der zugesprochene „kleine" Schadensersatz auf der Grundlage fiktiver Mangelbeseitigungskosten berechnet werden kann, divergierende Auffassungen zwischen den für das Werkvertragsrecht und für das Grundstückskaufrecht zuständigen Senaten des BGH vorlagen. Nachdem diese Frage in der Folgezeit für das Kaufrecht höchstrichterlich bejaht worden war (BGH, Urteil vom 12.03.2021 – V ZR 33/19, NJW 2021, 1532) haben die Beklagten die von ihnen eingelegte Revision (V ZR 210/20) zurückgenommen.

7.

PfOLG Zweibrücken   4. Zivilsenat
Urteil vom 12.05.2022   4 U 40/18
(rechtskräftig)

ECLI:DE:POLGZWE:2022:0512.4U40.18.00
(veröffentlicht BeckRS 2022, 44952)

Bedeutung und Tragweite eines „Zwischenvergleichs" im Prozess über die Haftung für Sachmängel an einem verkauften Hausanwesen
(Sachverhalt und Prozessgeschichte stark verkürzt wiedergegeben)

Die Parteien stritten, soweit hier von Interesse, in zweiter Instanz zuletzt darüber, ob sich der Kläger an einem mit der Beklagten abgeschlossenen Grundstückskaufvertrag festhalten lassen musste.

Der Kläger kaufte im Jahr 2016 zum Preis von 230.000 € von der Beklagten ein mit einem Wohn- und Geschäftshaus bebautes Grundstück unter Ausschluss der Haftung für Sachmängel. Das Grundstück ist im hinteren Teil mit einem Neubau bebaut, der 2011 aus dem Ausbau einer ehemaligen Scheune zu Wohnzwecken für die Tochter der Beklagten entstanden war. Eine Baugenehmigung war dafür nicht erteilt worden.

Im Prozess hat der Kläger die Beklagte zunächst u.a. auf Einholung der für den Neubau erforderlichen Genehmigungen in Anspruch genommen und äußerst hilfsweise die Rückzahlung des Kaufpreises Zug um Zug gegen Rückübertragung des Grundstücks verlangt.

Die Klage blieb beim Landgericht erfolglos, weil der Erstrichter nach dem Ergebnis der durchgeführten Beweisaufnahme nicht zu der sicheren Überzeugung von einer arglistigen Täuschung des Klägers durch die Beklagte gelangte. Der Kläger legte Berufung ein.

In der mündlichen Berufungsverhandlung vom 10.01.2019 schlossen die Parteien auf gerichtliches Anraten einen „Zwischenvergleich" mit folgendem Wortlaut:

1. Die Beklagte verpflichtet sich gegenüber dem Kläger, bis zum 30. Juni 2019 für die von ihr in dem Anwesen „..." in der Zeit bis 13. Februar 2016 (Gefahrübergang laut Notarvertrag) vorgenommenen Baumaßnahmen zur Herstellung der früheren Wohnung der Tochter der Beklagten eine etwa erforderliche bauaufsichtliche Genehmigung auf ihre Kosten einzuholen.
2. Der Kläger verpflichtet sich, für die Einholung der Baugenehmigung etwa erforderliche Mitwirkungs- und Duldungshandlungen (z.B. Duldung des Betretens der Räumlichkeiten durch einen von der Beklagten beauftragten Architekten) vorzunehmen.
3. Wird innerhalb der oben genannten Frist die etwa erforderliche Baugenehmigung erteilt bzw. von der Bauaufsichtsbehörde ein Attest zur Genehmigungsfreiheit erteilt, verpflichten sich die Parteien, den Rechtsstreit übereinstimmend für in der Hauptsache erledigt zu erklären. Andernfalls wird der Rechtsstreit nach Ablauf der Frist fortgesetzt.

Am 23.05.2019 erteilte die zuständige Bauordnungsbehörde auf Antrag der Beklagten einen mit Nebenbestimmungen versehenen Bauschein für die Nutzungsänderung des Neubaus (frühere Scheune) in ein Einfamilienhaus.

Im weiteren Fortgang des Rechtsstreits war der Kläger nicht zu einer Erklärung der Erledigung des Rechtsstreits in der Hauptsache bereit und erklärte die Anfechtung des Kaufvertrages wegen behaupteter arglistiger Täuschung bei den Vertragsverhandlungen. Er verfolgte zuletzt nur noch das Ziel der Rückabwicklung des Immobilienerwerbs.

Das Oberlandesgericht hat zum Nachteil des Klägers entschieden und im Urteil ausgeführt, dass der Kläger von der Beklagten die Rückabwicklung des Kaufvertrages weder als Schadensersatz wegen vorvertraglichen Verschuldens bei Vertragsverhandlungen (§ 280 Abs. 1 i.V.m. §§ 241 Abs. 2, 311 Abs. 2, 249 Abs. 1 BGB) noch aus ungerechtfertigter Bereicherung (§ 812 Abs. 1 Satz 1 Alternative 1 BGB) nach erklärter Anfechtung seiner auf den Vertragsschluss gerichteten Willenserklärung verlangen kann.

Dem Erfolg der Klage standen der von den Parteien abgeschlossene Zwischenvergleich und die daraufhin von der Beklagten auf ihre Kosten herbeigeführte Nachgenehmigung der Baumaßnahme entgegen. Denn durch den Vergleichsvertrag wurde das zwischen den Prozessparteien bestehende Rechtsverhältnis, soweit die ursprünglich fehlende Baugenehmigung und daran etwa anknüpfende Rechte des Klägers zur Lossagung von dem Kauf, gleich aus welchem Rechtsgrund, in Rede standen, für die Zukunft auf eine neue rechtliche Grundlage gestellt. Nachdem die Baugenehmigung von der Beklagten, wie in dem Vergleich vereinbart, beigebracht wurde, waren jedwede auf deren ursprüngliches Fehlen gründende Ansprüche auf Rückabwicklung des Kaufvertrags nicht (mehr) gegeben.

Zu diesem Ergebnis gelangte der Senat aufgrund einer nach den allgemeinen Regeln (§§ 133, 157 BGB) vorgenommenen Auslegung des materiellrechtlichen Inhalts des prozessualen Zwischenvergleichs.

Bei der Auslegung ließ sich das Gericht von folgenden Erwägungen leiten:
Für die Ermittlung des Sinngehalts des Zwischenvergleichs ist der gewählte Wortlaut nur ein erster Anhalt. Vielmehr kommt es gemäß den §§ 133, 157 BGB maßgeblich darauf an, wie ein objektiver Dritter die Erklärungen der Vertragsparteien bei vernünftiger Beurteilung der ihm bekannten oder erkennbaren Umstände nach Treu und Glauben unter Berücksichtigung der Verkehrssitte hätte verstehen können und müssen. Zu berücksichtigen sind dabei der mit der vergleichsweisen Einigung verfolgte Zweck, die Interessenlage und das Gesamtverhalten der Parteien sowie sämtliche Nebenumstände einschließlich der Vorgeschichte (Prozessverlauf bis zum Vergleichsabschluss).

Daran gemessen war – wie im Urteil näher begründet wird – im Streitfall davon auszugehen, dass aus Sicht eines objektiven und vernünftigen Dritten der gemeinsame Wille der Parteien beim Abschluss des Zwischenvergleichs dahin ging, dass für den Fall der nachträglichen Beibringung einer Baugenehmigung dem von dem Kläger bis dahin verfolgten Rechtsschutzbegehren vollständig genügt sein sollte. Die in dem Vergleich geregelte etwaige Fortsetzung des Rechtsstreits erfolgte allein für den Fall, dass eine Nachgenehmigung des Neubaus durch die Baubehörde wider Erwarten nicht erteilt werden würde. Nachdem dieser Fall in der Folge nicht eingetreten ist, kommen Ansprüche des Klägers gegen die Beklagte wegen der bauordnungsrechtlichen Genehmigungslage des Neubaus nur noch auf der durch den Vergleich neu geschaffenen rechtlichen Grundlage in Betracht.

Zwar könnten wegen der Nebenbestimmungen, mit denen der Bauschein versehen war, noch Ansprüche des Klägers gegen die Beklagte auf weitergehende Erfüllung des Vergleichsvertrages bestanden haben. Solche Ansprüche wurden im Prozess aber gerade nicht (mehr) verfolgt.

Der Zwischenvergleich war auch rechtsgültig.

Die in § 779 BGB normierten Voraussetzungen für die Unwirksamkeit des Vergleichs waren nicht erfüllt. Denn zum Zeitpunkt seines Abschlusses stritten die Parteien – wegen des Haftungsausschlusses im Notarvertrag – im Tatsächlichen gerade darüber, ob die Beklagte dem Kläger das Fehlen der Baugenehmigung wissentlich und willentlich verschwiegen und damit arglistig gehandelt hatte oder nicht. Von einem dazu bereits als feststehend betrachteten Sachverhalt konnten die Parteien nicht ausgehen und haben dies auch nicht getan. Die zur Frage der Arglist ungeklärte Sachlage gab ihnen vielmehr Anlass für den Vergleichsabschluss.

Der Vergleich war schließlich nicht als Folge seiner von dem Kläger im weiteren Prozessverlauf erklärten Anfechtung gem. § 142 Abs. 1 BGB als von Anfang an nichtig anzusehen. Bei dem Abschluss des Vergleichs war der Kläger nicht anwesend und wurde von seinem Prozessbevollmächtigten vertreten. Nach § 166 Abs. 1 BGB kam es deshalb für die Anfechtbarkeit wegen Willensmängeln nur auf die Person des anwaltlichen Vertreters an. Worüber der Rechtsanwalt bei Abschluss des Vergleichs geirrt hätte oder von der Beklagten getäuscht worden wäre, war weder vorgetragen noch sonst ersichtlich.

Die von dem Kläger gegen das Urteil eingelegte Nichtzulassungsbeschwerde hat der Bundesgerichtshof zurückgewiesen (Beschluss vom 09.02.2023, V ZR 111/22).

La Directive du 20 mai 2019 relative à certains aspects concernant les contrats de vente de biens et l'expérience française antérieure[1]

Constantin Ringot-Namer

Abstract: L'ordonnance du 29 septembre 2021 a modifié les articles L. 217–1 et suivants du code français de la consommation, relatifs à la garantie légale de conformité dans les contrats de vente de biens, transposant ainsi la Directive européenne 2019/771 du 20 mai 2019 relative à certains aspects concernant les contrats de vente de bien. Ces dispositions françaises n'avaient pas fait l'objet d'une modification d'une telle ampleur depuis l'introduction de la Directive 1999/44 du 25 mai 1999 sur certains aspects de la vente et des garanties des biens de consommation. Ce changement majeur en droit français invite à se demander si les nouvelles dispositions du code de la consommation sont de nature à bouleverser la jurisprudence rendue sous l'empire du droit antérieur. En vue de mener une étude exhaustive de la question, l'on se propose d'analyser les bouleversements éventuellement apportés par les nouvelles dispositions tant au regard du champ d'application de la garantie légale de conformité, que de ses effets.

Autor: *Constantin Ringot-Namer* ist Maître des conférences für Privatrecht und Kriminalwissenschaften am Institut François Geny der Université de Lorraine in Nancy. Sein Forschungsschwerpunkt liegt im internationalen Privatrecht.

Auteur: *Constantin Ringot-Namer* est Maître des conférences en droit privé et sciences criminelles au Institut François Geny de l'Université de Lorraine à Nancy. Ses recherches portent principalement sur le droit international privé.

1.- Sujet. Les dispositions françaises de transposition de la Directive 2019/771 du 20 mai 2019[2] sont issues de l'ordonnance du 29 septembre 2021[3], qui a notamment modifié les articles L. 217–1 et suivants du code de la consommation. Cependant, ces dispositions nouvelles ne sont applicables qu'aux contrats conclus à compter du 1er janvier 2022.[4] Il n'apparaît pas, en l'état, possible de procéder à une évaluation de la mise en œuvre des dispositions françaises de transposition de la Directive 2019/771 du 20 mai 2019 à la lumière de l'expérience française récente, car il n'existe pas encore de décision publiées venant appliquer ces nouvelles dispositions, que ce soit

---

1 Le style oral de l'intervention a été volontairement maintenu.
2 Directive 2019/771 du 20 mai 2019 relative à certains aspects concernant les contrats de vente de bien.
3 Ordonnance n° 2021–1247 du 29 septembre 2021 relative à la garantie légale de conformité pour les biens, les contenus numériques et les services numériques.
4 Ordonnance n° 2021–1247 du 29 septembre 2021, art. 21, al. 1er.

des décisions de première instance (très difficilement accessibles, et rendues généralement au bout d'un an et demi), mais également d'appel ou encore de cassation.

Cela ne veut pas dire, cependant, que l'on ne peut pas apprécier les dispositions françaises de transposition de la Directive 2019/771, telles que codifiées aux articles L.217 – 1 et suivants du code de la consommation, à la lumière de l'expérience française. Nous ferons autrement : nous comparerons les dispositions nouvelles avec la jurisprudence rendue sous l'empire des dispositions anciennes issues de la Directive 1999/44.[5] Nous nous demanderons alors si la pratique française antérieure peut être ou non reconduite, et dans quelle mesure, à la lumière des dispositions françaises de transposition nouvelles.

2.- Méthode et champ de l'étude. Comment allons-nous procéder? Deux précisions s'imposent. *Premièrement*, nous nous limiterons à l'analyse des articles L. 217–1 et suivants du code de la consommation nouveaux, relatifs à la garantie légale de conformité dans le contrat de vente de biens, en laissant de côté la question de cette garantie dans les contrats de fourniture de contenus numériques et de services numériques, transposée aux articles L. 224–25–1 et suivants de ce même code de la consommation. En effet, il ne nous semble possible de comparer que ce qui est comparable et l'expérience antérieure concernait essentiellement le contrat de vente de biens : les conditions de la possibilité d'une comparaison au regard des contrats de fourniture de contenus numériques ne sont pas remplies. *Deuxièmement*, limité par l'expérience antérieure de la jurisprudence française, qu'elle soit du fond ou de cassation, ce n'est pas une analyse exhaustive de chaque point de la règle de droit que nous mènerons, mais une analyse par *morceaux choisis* : nos propos seront directement dépendants de la jurisprudence rendue sous l'empire du droit antérieur. Nous essaierons, néanmoins, de proposer des analyses sur les différentes questions relatives à la garantie légale de conformité, tant sur le champ d'application que sur ses effets.

3.- Plan. Notre propos s'articulera donc en deux temps, en suivant classiquement la structure de la règle de droit. Nous mènerons notre analyse comparative à la lumière d'abord du champ d'application de la garantie légale de conformité (I.), et ensuite à la lumière des effets de la garantie légale de conformité (II.).

---

5 Directive 1999/44/CE du Parlement européen et du Conseil, du 25 mai 1999, sur certains aspects de la vente et des garanties des biens de consommation.

I. Champ d'application des dispositions

4.- Plan. La division du champ d'application d'une règle de droit en champ d'application spatial, temporel, matériel a pu être considérée comme artificielle.[6] Selon nous, néanmoins, visant à expliciter le champ d'application global d'une disposition, elle a une vertu analytique : elle permet d'y voir plus clair, et c'est pourquoi nous adopterons cette division le temps de notre propos. S'agissant du champ d'application temporel, nous avons a vu que les dispositions des articles L. 217–1 et suivants du code de la consommation sont applicables aux contrats conclus à compter du 1er janvier 2022. Rien de particulier n'est à signaler à cet égard : il s'agissait de ce qui était exigé dans la Directive elle-même.[7] Nous nous concentrerons plutôt sur les champs d'application spatial (1) et matériel (2) des dispositions nouvelles des articles L. 217–1 et suivants du code de la consommation.

1. Champ d'application spatial

5.- Des règles anciennes dotées d'un champ d'application selon la méthode unilatérale. Les anciennes dispositions des articles L. 217–1 et suivants du code de la consommation, venant transposer la Directive du 25 mai 1999 sur certains aspects de la vente et des garanties des biens de consommation[8], précisaient, et précisent encore, unilatéralement leur champ d'application dans l'espace. C'est ce qui était exigé à l'article 7, § 2, de la directive de du 25 mai 1999, selon lequel « [l]es États membres prennent les mesures nécessaires pour que le consommateur ne soit pas privé de la protection accordée par la présente directive par le choix du droit d'un État non membre comme droit applicable au contrat, lorsque le contrat présente un lien étroit avec le territoire des États membres ».

En transposition de cet article de la Directive, l'article L. 232–2 du code de la consommation prévoyait (et prévoit toujours) que « [l]orsque la loi qui régit le contrat est celle d'un État n'appartenant pas à l'Union européenne, le consommateur ne peut être privé de la protection que lui assurent les dispositions prises par un État membre de l'Union européenne

---

[6] S. *Francq*, L'applicabilité du droit communautaire dérivé au regard des méthodes du droit international privé, Paris & Bruxelles 2005, p. 8.
[7] Directive 2019/771 du 20 mai 2019, art. 24, § 1er, al. 2.
[8] Directive 1999/44/CE du Parlement européen et du Conseil, du 25 mai 1999, sur certains aspects de la vente et des garanties des biens de consommation.

en application de la directive 1999/44/CE du Parlement européen et du Conseil du 25 mai 1999 sur certains aspects de la vente et des garanties des biens de consommation et qui ont un caractère impératif lorsque le contrat présente un *lien étroit* avec le territoire de cet État membre ».

Cet article énonce donc en quelque sorte une règle de conflit de lois unilatérale[9], car il vient préciser dans quelle mesure s'appliquent les dispositions françaises de transposition de la Directive du 25 mai 1999, sans s'intéresser à la vocation concurrente d'autres droits pour régir la situation. Ce type de règle se retrouvent pour d'autres dispositions en matière de consommation, transposant des Directives européennes. C'est le cas pour les dispositions de transposition de la Directive du 5 avril 1993 sur les clauses abusives.[10] Et, en effet, l'article L. 232-2 du code de la consommation dispose que « [n]onobstant toute stipulation contraire, le consommateur ne peut être privé de la protection que lui assurent les dispositions prises par un État membre de l'Union européenne en application de la directive 93/13/CEE du Conseil, du 5 avril 1993 concernant les clauses abusives dans les contrats conclus avec les consommateurs, lorsque le contrat présente un lien étroit avec le territoire d'un État membre ».

Et, l'article L. 231-1 du code de la consommation, applicable tout aussi bien au cas des clauses abusives comme à celui de la garantie légale de conformité, vient préciser des critères permettant de considérer que le contrat présente un *lien étroit* avec un État membre. Tel est le cas si le contrat a été conclu dans l'État membre du lieu de résidence habituelle du consommateur, si le professionnel dirige son activité vers le territoire de l'État membre où réside le consommateur, sous réserve que le contrat entre dans le cadre de cette activité, si le contrat a été précédé dans cet État membre d'une offre spécialement faite ou d'une publicité et des actes accomplis par le consommateur nécessaires à la conclusion de ce contrat ou encore si le contrat a été conclu dans un État membre où le consommateur s'est rendu à la suite d'une proposition de voyage ou de séjour faite, directement ou indirectement, par le vendeur pour l'inciter à conclure ce contrat. Ces critères ne sont pas limitatifs, comme le souligne l'adverbe « notamment ».[11]

---

9 Sur lesquelles, par ex. : *M.-L. Niboyet/G. de Geouffre de La Pradelle*, Droit international privé, 7ᵉ éd., Paris 2020, p. 176.
10 Directive 93/13/CEE du Conseil, du 5 avril 1993, concernant les clauses abusives dans les contrats conclus avec les consommateurs.
11 Sur ce point : CJUE, 9. 09. 2004, C-70/03 [ECLI:EU:C:2004:505].

6.- Exemple d'application des règles unilatérales anciennes. On retrouve des arrêts appliquant ces règles de conflit de lois unilatérales. En est-il ainsi, certes s'agissant des clauses abusives, d'un arrêt de la cour d'appel de Paris du 14 avril 2023[12] opposant l'association de consommateurs UFC que choisir à Twitter. Pour apprécier l'existence du lien étroit entre le contrat et la France, et appliquer les dispositions françaises relatives aux clauses abusives, selon les critères prévus à l'article L. 231-1 du code de la consommation, la cour d'appel de Paris a affirmé que « si la loi qui régit les conditions générales d'utilisation de Twitter est celle d'un État étranger à l'Union européenne, la Californie, il n'en demeure pas moins que les utilisateurs du service fourni par Twitter, pour la protection desquels l'UFC-Que Choisir intervient, résident sur le territoire français et que les CGU leur sont proposées en langue française dès l'ouverture du site internet de Twitter. ».

Fondée sur l'article L. 231-1 du code de la consommation, cette solution est transposable au cas de la garantie légale de conformité. Cela justifie que l'on se demande si ce type de raisonnement unilatéraliste a vocation à être reconduit sous l'empire du droit nouveau.

7.- Des règles nouvelles dotées d'un champ d'application selon la méthode unilatérale? Plan. En bref, la question se pose de savoir si les nouvelles dispositions s'accompagnent d'un champ d'application dans l'espace. On verra, sur ce point, que ces nouvelles dispositions ne précisent plus unilatéralement leur champ d'application dans l'espace (a). Il faudra donc s'en remettre aux règles de conflits de lois bilatérales pour déterminer la loi applicable à la garantie légale de conformité (b).

a) Absence de règle de conflit de lois unilatérale

8.- Disparition de la règle de conflit unilatérale. La lecture de la Directive 2019/771 ne laisse transparaître aucune règle de conflit de lois unilatérale. Tout au contraire, son considérant n° 65 précise qu'« [a]ucune disposition de la présente directive ne devrait porter atteinte à l'application des règles de droit international privé, en particulier le règlement (CE) n° 593/2008 et le règlement (UE) n° 1215/2012 du Parlement européen et du Conseil ». L'on devrait en déduire que, contrairement à la Directive 1999/44, qui fixait unilatéralement un champ d'application spatial pour ses dispositions,

---

12 CA Paris, arrêt du 14. 04. 2023, RG n° 19/09244.

l'application des nouvelles dispositions n'est pas soumise à une règle de conflit de lois unilatérale particulière.

Preuve en est que, dans le tableau de correspondance des articles de la directive de 2019/771 et de la directive de 1999/44, qui figure à la fin de la Directive de 2019, l'article 7, § 2, de la directive de 1999/44, qui précisait le champ d'application spatial des dispositions de la directive, est le seul qui ne contient aucun article correspondant.

Les juridictions du fond ne devraient donc plus, comme auparavant, appliquer les dispositions des articles L. 217–1 et suivants dès l'instant que le contrat présente un lien étroit avec la France. Elles ne devraient plus appliquer ces dispositions grâce à une règle de conflit de lois unilatérale. Quelle règle de conflit de lois doit faut-il alors appliquer?

b) Application des règles de conflit de lois bilatérales

9.- Plan. Ce sera à l'aune des règles de conflit de lois bilatérales que sera déterminée l'application spatiale des articles L. 217–1 et suivants nouveaux du code de la consommation. L'on verra, sur ce point, qu'il existera un conflit de normes (aa), dont il s'agira de proposer des pistes de résolution (bb).

aa) Existence d'un conflit de normes

10.- Entre Règlement Rome I et Convention de La Haye du 15 juin 1955. En vue de déterminer l'application spatiale des articles L. 217–1 et suivants du code de la consommation, l'internationaliste aura pour premier réflexe de consulter le règlement Rome I sur la loi applicable aux obligations contractuelles.[13] Ce règlement contient des règles de conflit de lois bilatérales, en ce sens qu'elles désignent indifféremment le droit du for comme le droit étranger, parce que ces différents droits sont considérés comme équivalents.[14]

Parmi ces règles de conflit de lois bilatérales, le règlement Rome I contient une règle de conflit de lois particulière pour les contrats de consommation en son article 6. Selon cet article, la loi applicable au contrat conclu

---

13 Règlement (CE) n° 593/2008 du Parlement européen et du Conseil du 17 juin 2008 sur la loi applicable aux obligations contractuelles (Rome I).
14 Par ex.: *Niboyet/de Geouffre de La Pradelle*, Droit international privé (n. 9).

entre un consommateur et un professionnel est la loi de l'État membre ou de l'État tiers[15] de résidence habituelle du consommateur si le professionnel y exerce son activité professionnelle ou, par tout moyen, dirige cette activité vers ce pays ou vers plusieurs pays, dont celui-ci, et que le contrat rentre dans le cadre de cette activité.[16] Les parties peuvent certes conclure une clause de choix de la loi. Mais dans ce cas, ce choix ne peut pas avoir pour résultat de priver le consommateur de la protection que lui assurent les dispositions auxquelles il ne peut être dérogé par accord en vertu de la loi qui aurait été applicable.[17] Cet article ne distingue donc ni selon l'objet précis du litige ni selon la qualification du contrat.

Cela étant, la question de la loi applicable n'est pas réglée pour autant. Nous n'oublions pas que la France est partie à la Convention de La Haye du 15 juin 1955 sur la loi applicable aux ventes à caractère international d'objets mobiliers corporels[18]. Cette convention précise notamment la loi applicable aux effets de la vente entre les parties[19] et a donc vocation à régir les questions de conformité du bien vendu. Cette convention désigne par principe, à défaut de choix de la loi par les parties[20], la loi de l'État de résidence habituelle du vendeur[21]. Elle ne contient aucune disposition protectrice du consommateur, même à l'occasion d'un choix de la loi. Elle ne contient pas plus de clauses permettant l'application de disposition de droit de l'Union européenne.

La question se pose de savoir quelles dispositions, entre celles de l'article 6 du règlement Rome I et de la Convention de La Haye de 1955, le juge français sera tenu de mettre en œuvre pour déterminer la loi applicable au litige entre un consommateur acheteur et un vendeur professionnel relatif à la conformité du bien vendu. Deux règles de conflit de lois concurrentes ont

---

15 Règlement (CE) n° 593/2008, art. 2.
16 Règlement (CE) n° 593/2008, art. 6, § 1.
17 Règlement (CE) n° 593/2008, art. 6, § 2.
18 En vigueur en France depuis le 1er septembre 1964 : https://www.hcch.net/fr/instruments/conventions/status-table/?cid=31.
19 Convention du 15 juin 1955 sur la loi applicable aux ventes à caractère international d'objets mobiliers corporels, art. 5, § 4 (*a contrario*). Sur la question : *V. Heuzé*, Traité des contrats. La vente internationale de marchandises. Droit uniforme, Paris 2000, p. 33 f.; *B. Audit*, Répertoire de droit international, v° « vente », para 46 et seqq.
20 Convention du 15 juin 1955 sur la loi applicable aux ventes à caractère international d'objets mobiliers corporels, art. 2.
21 Convention du 15 juin 1955 sur la loi applicable aux ventes à caractère international d'objets mobiliers corporels, art. 3.

donc vocation à régir la même situation, avec des résultats potentiellement inconciliables. Il existe un *conflit de normes* : comment le résoudre?

bb) Résolution du conflit de normes

11.- Deux solutions possibles. La Convention de La Haye ne contient aucune clause particulière relative aux relations entre instruments de détermination de la loi applicable. Il en est autrement du Règlement Rome I qui en son article 25, § 1er, précise que « [l]e présent règlement [donc y compris les dispositions en matière de consommation] n'affecte pas l'application des conventions internationales auxquelles un ou plusieurs États membres sont parties lors de l'adoption du présent règlement et qui règlent les conflits de lois en matière d'obligations contractuelles ». Et, parmi ces conventions, figure la Convention de La Haye de 1955 en question. Il en résulte que le juge français doit, en l'état, appliquer les dispositions de la Convention de La Haye de 1955, et donc la loi désignée par les parties, même celle d'un État tiers et sans possibilité de protection du consommateur, ou, à défaut de choix, la loi de résidence habituelle du vendeur, et donc celle du professionnel.

Est-ce à dire que les dispositions protectrices de l'article 6 du Règlement Rome I sont définitivement écartées en matière de vente, dans l'hypothèse où le juge compétent est le juge français? Un retour à l'article 6 du règlement Rome I n'est pas exclu. Il faut se souvenir que, à l'occasion de la quatorzième session en 1980, la Conférence de La Haye a déclaré que « la Convention du 15 juin 1955 sur la loi applicable aux ventes à caractère international d'objets mobiliers corporels ne met pas obstacle à l'application par les États parties de règles particulières sur la loi applicable aux ventes aux consommateurs ».[22]

Certes, la France n'a pas voulu écarter l'application de la Convention de 1955 aux contrats de vente impliquant un consommateur. Mais la raison avancée permettrait aujourd'hui de les soustraire de la Convention et de les soumettre au seul Règlement Rome I. Pour le comprendre, il faut revenir aux motifs qui ont présidé au refus des représentants français d'exclure les contrats de consommation de la Convention de 1955. Selon ces représentants français à l'époque, « [l]'exclusion de toutes les ventes aux consomma-

---

22 Actes et documents de la Quatorzième session (1980), tomes I / II, Matières diverses / Ventes aux consommateurs, p. 180.

teurs du domaine de la Convention de 1955 serait fâcheuse en ce qu'elle laisserait certaines ventes internationales sans solution harmonisée de conflit de lois. Le Gouvernement français attache une grande importance à la protection des consommateurs spécialement lorsque ceux-ci passent des contrats de vente internationale, et, de ce fait, il considère que la connaissance des règles de conflit de lois est un élément de cette protection ».[23]

Or, précisément, si l'enjeu est de permettre à un consommateur de disposer de règles de conflit de lois harmonisées, alors la mise à l'écart de la Convention de La Haye de 1955 au profit du Règlement Rome I, outil d'unification des règles de conflit de lois dans l'Union européenne, s'il en est, devrait permettre d'aboutir aujourd'hui à ce résultat. Dans ce cas, quel que soit le type de contrat (vente ou non), seul l'article 6 du Règlement Rome I relatif aux contrats de consommation viendrait à s'appliquer.

12.- Enfin, à supposer que ces arguments ne permettent pas de donner un quelconque effet à l'article 6 du Règlement Rome I, certains soutiennent que les dispositions du code de la consommation peuvent venir s'appliquer au titre de *loi de police*.[24] Dans ce cas, l'influence sur l'application de la Convention de La Haye peut être double.

Premièrement, cela peut contrarier l'application du droit désigné, s'il s'agit du droit d'un État tiers. Tel est le cas, si l'on considère que les dispositions des articles L. 217-1 et suivants du code de la consommation, relatifs à la garantie de conformité, sont des dispositions de police, qui s'appliqueront, selon les cas, à la lumière du lien qu'entretient le contrat avec la France. Pour déterminer la teneur des liens, on pourra s'inspirer de l'article L. 231-1 du code de la consommation, bien qu'il ne s'applique plus aujourd'hui à la garantie légale de conformité réformée. L'on signalera l'embarras dans lequel le juge français se trouvera, car il devra trancher un conflit entre une norme qui a formellement la valeur d'un traité, à savoir la Convention, et une norme qui a formellement la valeur d'une disposition législative, mais qui matériellement véhicule une disposition d'une Directive de l'Union européenne.

Deuxièmement, les dispositions françaises de droit de la consommation qualifiées de lois de police peuvent aussi indirectement contrarier *la désignation même du droit étranger*. Tel est le cas précisément si sont qualifiées de loi de police les dispositions de transposition de la Directive de 1993 sur

---

[23] Actes et documents de la Quatorzième session (1980), tomes I / II, Matières diverses / Ventes aux consommateur,s, p. 53.
[24] B. *Audit* et L. *d'Avout*, Droit international privé, Paris 2022, p. 935.

les *clauses abusives*[25]. On sait, en effet, que la Cour de justice soumet les clauses de choix de loi à la législation sur les clauses abusives, en particulier si la clause a été conclue sans négociation préalable.[26] Il n'est donc pas exclu que la *clause de choix de loi*, conclue sur le fondement de l'article 2 de la Convention de La Haye de 1955, soit subordonnée à la législation sur les clauses abusives, alors même que l'article 2, § 3, de la Convention de La Haye soumet à la loi choisie la question de validité de la clause. On se demandera alors si l'application de la législation sur les clauses abusives s'appliquera cumulativement à la *lex causae* ou réclamera une application exclusive. Dans ce dernier cas, où un conflit de normes sera à résoudre, le juge sera dans la même situation d'embarras que décrite précédemment.

Le juge français pourrait esquiver la difficulté en précisant, par exemple, que la loi désignée par la Convention de La Haye est, telle qu'appliquée, contraire à *L'ordre public international* français, ce qui permet alors de lui substituer le droit français[27]. Mais l'on sait que la contrariété à l'ordre public s'apprécie, non pas tant à la lumière du contenu abstrait de la disposition étrangère, mais au regard de la disposition telle qu'appliquée au cas d'espèce[28] : le retour des dispositions françaises de transposition ne sera donc pas systématique, mais tributaire du cas.

13.- Bilan. S'agissant du champ d'application spatial des nouvelles dispositions, la pratique française est donc amenée à évoluer. Qu'en est-il s'agissant du champ d'application matériel des nouvelles dispositions?

2. Champ d'application matériel

14.- Plan. On se demandera si la pratique antérieure est maintenue s'agissant des types de contrats (a) et des types de biens (b) auxquels la garantie de conformité s'applique.

---

25 C. consom., art. L. 212–1 et seqq.
26 CJUE, arrêt du 28. 07. 2016, C-191/15 [ECLI:EU:C:2016:612], VKI c/ Amazon, Rn. 61 f; CJUE, arrêt du 3. 10. 2019, C-272/18 [ECLI:EU:C:2019:827] VKI/TVP, Rn. 55 f.
27 Convention du 15 juin 1955 sur la loi applicable aux ventes à caractère international d'objets mobiliers corporels, art. 6.
28 *Niboyet/de Geouffre de La Pradelle*, Droit international privé (n. 9), pp. 288 f.

a) Contrats concernés

15.- Plan. Les dispositions nouvelles des articles L. 217-1 et suivants du code de la consommation s'appliquent par principe aux « contrats de vente de biens meubles corporels ».[29] On se demandera si, à la lumière de l'expérience antérieure, ces nouvelles dispositions peuvent s'appliquer au contrat d'échange (aa), au contrat d'entreprise portant sur la fabrication ou la production d'un bien (bb) et au contrat d'entreprise portant sur l'installation d'un bien (cc).

aa) Échanges

16.- Continuité. La question a pu se poser de savoir si le contrat d'**échange** pouvait faire partie des contrats visés aux anciens articles L. 217-1 et suivants du code de la consommation. Avant l'entrée en vigueur des nouvelles dispositions, certains arrêts avaient pu, par analogie, appliquer les règles de la garantie légale de conformité à l'échange : tel était le cas pour un *échange* de chevaux entre un professionnel et un particulier.[30] Cette solution devrait être reconduite, car l'alinéa 2 de l'article L. 217-1 du code de la consommation vient préciser que « [s]ont assimilés à des contrats de vente aux fins du présent chapitre, les contrats en vertu desquels le professionnel délivre un bien et en transfère la propriété à un consommateur et ce dernier procure tout autre avantage, au lieu ou en complément du paiement d'un prix ». Cet avantage peut donc résulter aussi d'un transfert de la propriété d'un bien de la part du consommateur.

Cela ouvre également la porte à l'application des dispositions des articles L. 217-1 et suivants du code de la consommation au cas où les parties auraient conclu une *dation en paiement*[31], contrat entre le débiteur et le créancier par lequel le créancier accepte, comme paiement, autre chose que ce que les parties ont initialement prévu. Cela ne semble pas exclu par l'article L. 217-1 du code de la consommation, qui précise qu'il est possible de procurer un avantage « au lieu du paiement du prix ». En somme, n'est pas écartée la possibilité que cet avantage substitutif soit accordé *ultérieurement*, alors que le contrat prévoyait initialement le paiement d'un prix. Rien n'interdit dans

---

29 C. consom., art. L. 217-1, I, al. 1er.
30 CA Rennes, arrêt du 4. 09. 2008, RG n° 07/2008.
31 C. civ., art. 1342-4, al. 2.

l'article de considérer que l'avantage procuré soit décidé *ab initio*, sans qu'il y ait eu de considération d'un prix, ou plus tard, « au lieu » d'un prix. Ce qui importe est que l'avantage accordé l'ait été au lieu ou en complément du prix. La cause de ce changement, comme son moment de survenance importent peu. L'avantage procuré « au lieu » du prix pourrait d'ailleurs, à ce compte, résulter d'un contrat de *novation* par changement d'objet de l'obligation[32].

bb) Contrat d'entreprise portant sur la fabrication ou la production d'un bien

17.- Discussion. La question s'est aussi posée de l'application de la garantie légale de conformité aux contrats d'entreprise portant sur la fabrication ou la production d'un bien. En droit des contrats spéciaux *français*, on définit classiquement le contrat d'entreprise comme celui par lequel « une personne (l'entrepreneur) s'engage moyennant paiement d'une somme d'argent à accomplir de manière indépendante un travail, au profit d'une autre personne (le maître), sans la représenter ».[33] Dans ce cadre, la frontière entre le contrat de vente et le contrat d'entreprise est poreuse s'agissant de la fourniture de choses futures. En l'état de la jurisprudence française, il semblerait que le critère de distinction réside dans le caractère spécifique du travail à réaliser. Autrement dit, si le travail est sur mesure, il s'agit d'un contrat d'entreprise; dans le cas contraire, il s'agit d'un contrat de vente.[34]

Avant l'entrée en vigueur des nouvelles dispositions, la distinction était en réalité sans incidence sur l'application des dispositions relatives à la garantie légale de conformité. En effet, l'ancien article L. 217–1, alinéa 1er, *in fine*, précisait que « les contrats de fourniture de biens meubles à fabriquer ou à produire [qui] sont assimilés aux contrats de vente ». Autrement dit, peu importe que le contrat soit qualifié, selon les critères internes français, d'entreprise ou de vente, dès l'instant qu'il s'agit d'un contrat de fourniture de biens à fabriquer ou à produire, qu'il soit spécifique ou non. On identifie des arrêts qui appliquent ces dispositions anciennes à ce qui peut être qualifié, selon le droit interne français, de contrat d'entreprise et non de vente :

---

32 C. civ., art. 1329.
33 F. *Labarthe*/C. *Noblot*, Traités des contrats. Le contrat d'entreprise, Paris, 2008, § 37.
34 Cass. 3e civ., arrêt du 5. 02. 1985, n° 83–16.675; Cass. com., arrêt du 5. 12. 2018, n° 17–24.293.

tel est le cas d'un arrêt de la cour d'appel de Grenoble du 25 mai 2021 relatif à la conception, la réalisation et l'installation d'une cuisine équipée par une entreprise à un couple.[35]

Aujourd'hui, l'article L. 217-1, alinéa 3, du code de la consommation précise cependant que « sont également assimilés à des contrats de vente aux fins du présent chapitre, les contrats de *vente* de biens à fabriquer ou à produire ».[36] Selon un auteur, cet article restreint le champ d'application de la garantie légale de conformité aux seuls contrats de vente de choses futures, donc uniquement lorsque le bien à produire n'est pas sur mesure.[37] Il ne devrait donc plus s'appliquer au contrat, qualifié selon les critères purement internes français, de contrat d'entreprise ayant pour objet la fabrication ou la production de biens. Cette interprétation stricte pourrait cependant ne pas prospérer. En effet, le considérant n° 17 de la Directive 2019/771 précise que « [l]e champ d'application de la présente directive devrait aussi couvrir les contrats concernant des biens qui restent à produire ou à fabriquer, *y compris d'après les spécifications du consommateur* ».[38] Par analogie[39], il serait donc possible d'appliquer les dispositions de la garantie légale de conformité aux contrats d'entreprise ayant pour objet la fabrication ou la production d'un bien.

cc) Contrat d'entreprise portant sur l'installation d'un bien

18.- Exclusion. Allons plus loin et demandons-nous si le contrat portant sur l'installation d'un bien relève de la garantie légale de conformité. Il apparaît, sur ce point que l'incursion du contrat qualifié, selon le droit purement interne, d'entreprise a ses limites : cela ne vaut que pour autant que le contrat d'entreprise porte effectivement sur la production ou la fabrication de biens à produire. Tel n'est pas le cas, selon la Cour de cassation, d'un contrat portant sur la fourniture et la pose d'un parquet, si la part importante du travail demandé à l'entrepreneur réside dans la pose même du

---

35 CA Grenoble, arrêt du 25.05.2021, RG n° 19/02999. *Adde*, implicitement toujours pour une cuisine : CA Douai, arrêt du 16. 09. 2013, RG n° 12/06358.
36 Nous soulignons.
37 *L. Leveneur*, Contrats Concurrence Consommation, 2022, comm. 183.
38 Nous soulignons.
39 Sur laquelle : *G. Cornu*, Le règne discret de l'analogie, in Mélanges offerts à André Colomer, Paris 1993, p. 129.

parquet.⁴⁰ Il s'agissait, en l'espèce, d'un contrat où le professionnel avait acquis du carrelage auprès de son propre fournisseur, qu'il a ensuite posé selon les spécificités de l'acheteur. La Cour de cassation a considéré que la pose n'était pas standard, mais supposait une coupe et une adaptation du parquet à poser dans chaque pièce du client. Le contrat en cause, qualifié d'entreprise selon les critères internes, échappe alors aux règles relatives à la garantie légale de conformité.

On doit en conclure qu'il devrait en aller de même selon le droit nouveau. Ce droit, ainsi qu'on l'a dit, limite en effet son application aux contrats de vente, aux contrats relatifs à la délivrance du bien et au transfert de la propriété de la chose au consommateur contre tout avantage et, enfin, au contrat de vente portant sur la fabrication ou la production d'un bien.⁴¹ En revanche, si l'installation du bien fourni par le professionnel ne constitue pas une part importante du travail, l'on devrait en déduire qu'il s'agit d'un simple contrat de vente, relevant ainsi de la garantie légale de conformité.⁴² Après tout, que ce soit avant ou après l'introduction des nouvelles dispositions transposant la Directive 2019/771, le vendeur est tenu des défauts de conformité de l'installation défectueuse.⁴³

19.- Bilan. En somme, s'agissant des types de contrats relevant de la garantie légale de conformité, la pratique française antérieure ne devrait pas être bouleversée. Qu'en est-il maintenant de la pratique antérieure au regard des biens soumis à la garantie légale de conformité?

b) Biens concernés

20.- Exclusion des animaux. Les nouvelles dispositions s'appliquent à tous les contrats de vente (et assimilés) portant sur tous les biens meubles corporels.⁴⁴ En droit français, la question s'est surtout posée de l'application de la garantie légale de conformité aux animaux domestiques. Nous verrons ce qu'il en est à la lumière du droit ancien et du droit nouveau.

La Cour de cassation française a appliqué le droit ancien aux animaux domestiques. Elle répète en effet que « les dispositions qui régissent la

---

40 Cass. 3ᵉ civ., arrêt du 12. 10. 2022, n° 20–17.335.
41 C. conso., art. L. 217–1, I, al. 1ᵉʳ à 3.
42 Par ex.: CA Toulouse, arrêt du 06. 04. 2011, RG n° 10/01517. *Adde* : *P. Puig*, La qualification du contrat d'entreprise, Paris 2002, p. 140.
43 C. conso., art. L. 217–4 anc. et L. 217–3 nouv.
44 C. conso., art. L. 217–1, al. 1ᵉʳ.

garantie légale de conformité sont applicables aux ventes d'animaux domestiques conclues entre un vendeur agissant au titre de son activité professionnelle ou commerciale et un acheteur agissant en qualité de consommateur ».[45] L'enjeu était essentiellement d'éviter l'application seule, au détriment de l'acheteur de l'animal domestique, des dispositions du code rural et de la pêche maritime, nettement moins avantageuses, notamment car elles fixent un délai de déchéance de quelques jours[46] et énumèrent de manière limitative les vices rédhibitoires pouvant être invoqués par l'acheteur.[47] C'est pourquoi la Cour de cassation réputait non écrites les clauses qui ne soumettaient les ventes d'animaux domestiques qu'aux seules dispositions du code rural et de la pêche maritime.[48]

La situation a changé depuis l'entrée en vigueur des nouvelles dispositions. En effet, ainsi que le permet la Directive 2019/771[49], le gouvernement français a décidé, à l'article L. 217-2, 3°, du code de la consommation, de ne pas appliquer les dispositions relatives à la garantie légale de conformité « aux ventes d'animaux domestiques ». Cette solution pourrait s'expliquer parce que l'animal n'est pas un bien de consommation.[50] Après tout, selon l'article 515-14 du code civil, introduit par la loi du 16 décembre 2015, les animaux sont des « êtres vivants doués de sensibilité », quoiqu'ils demeurent soumis au régime des biens.

21.- Bilan. S'agissant du champ d'application de la garantie légale de conformité, ce n'est que partiellement que, à la lumière du droit nouveau, la pratique antérieure sera reconduite. Qu'en est-il concernant l'effet de la garantie légale de conformité?

II. Application de la garantie légale de conformité

22.- Plan. Pour apprécier les changements entre la pratique antérieure et le droit nouveau, on distinguera la question de la qualification du défaut de conformité (1) de ses effets (2).

---

45 Cass. 1ʳᵉ civ., arrêt du 20. 02. 2019, n° 17-28.819. Déjà : Cass. 1ʳᵉ civ., arrêt du 10. 07. 2014, n° 13-15.690; arrêt du 12 juin 2012, n° 11-16.385.
46 C. rural et de la p. mar., art. R. 213-5.
47 C. rural et de la p. mar., art. R. 213-1 et R. 213-2.
48 Cass. 1ʳᵉ Civ., arrêt du 10. 07. 2014, n° 13-15.690.
49 Directive 2019/771 du 20 mai 2019 relative à certains aspects concernant les contrats de vente de bien, art. 3, § 5, b).
50 Sur cette question: *J.-P. Marguénaud*, Fasc. unique : Les animaux, êtres vivants doués de sensibilité, JurisClasseur Civil Code, art. 515-14, LexisNexis 2023, para 13 et seqq.

1. Qualification du défaut de conformité

23.- Critères de conformité. Les critères pour apprécier la conformité du bien étaient fixés à l'article L. 217-5 ancien du code de la consommation. Les critères n'ont pas sensiblement changé. On sait que la conformité s'apprécie de manière duale. Le bien est conforme soit parce qu'il présente une *conformité subjective,* c'est-à-dire qu'il répond en tout point au contrat.[51] Le bien est également conforme au contrat s'il présente une *conformité objective,* ce qui sera le cas s'il est propre à l'usage habituellement attendu d'un bien du même type, s'il est conforme aux qualités que le vendeur a présentées au consommateur au jour de la conclusion du contrat ou encore s'il est livré avec tous les accessoires et instruction dont on peut légitimement s'attendre qu'ils le soient.[52] Hier, comme aujourd'hui, la conformité est donc une opération de *comparaison* qui suppose du juge qu'il identifie la conformité attendue (subjectivement et objectivement), et apprécie si le bien en cause y répond.

24.- Office du juge. Sous l'empire du droit antérieur, la Cour de cassation attendait des juridictions qu'elles opèrent correctement cette comparaison et qu'elles fixent donc les termes de la comparaison. S'agissant de la conformité qu'on appellerait aujourd'hui objective, les juridictions devaient déterminer quelles sont les attentes habituelles des consommateurs pour ensuite vérifier si le bien en cause y correspondait. Il en a été jugé ainsi par la Cour de cassation dans un arrêt du 5 février 2014.[53] Dans cet arrêt, deux époux ont acquis une colonne de douche auprès d'une société, qui n'avait qu'un débit très faible. Les acheteurs ont alors assigné le vendeur pour obtenir la restitution du prix et l'allocation de dommages-intérêts. Ils se fondaient notamment sur une norme de certification AFNor (norme de certification française) pour démontrer le caractère non conforme du débit de la colonne acquise. Cette norme permettait selon les acheteurs de préciser ce qui peut être légitimement attendu d'un consommateur. La cour d'appel les en a déboutés au motif que la norme NF en cause n'était pas obligatoire, de sorte qu'elle ne saurait correspondre à l'usage habituellement attendu du bien en cause.

La Cour de cassation a alors cassé l'arrêt d'appel qui ne s'est fondée que sur une considération générale sans constater que le bien vendu était

---

51 C. conso., art. L. 217-4.
52 C. conso., art. L. 217-5.
53 Cass. 1re civ., arrêt du 05. 02. 2014, n° 12-27.927.

propre à l'usage habituellement attendu d'un bien semblable. L'arrêt de la cour d'appel est alors cassé pour *manque de base légale* : les juges du fond n'ont pas, en raison de l'insuffisance de ses motifs, mis la Cour de cassation en mesure d'exercer son contrôle de l'application par eux de la loi.[54] En effet, la cour d'appel s'est contentée d'affirmer que cette norme n'était pas obligatoire, de sorte qu'il ne pouvait être soutenu qu'elle correspondait à un usage habituellement attendu d'un bien en France, *sans préciser justement quel était l'usage habituellement attendu de ce type de bien en France*. La cour d'appel n'a donc pas mis en mesure la Cour de cassation de vérifier si le bien en cause était conforme à l'attente habituelle des consommateurs, attente que la cour d'appel n'a pas qualifiée. Un terme de la comparaison n'a pas été précisé.

Cette solution ne devrait pas être bouleversée par le droit nouveau. Il ressort du nouvel article L. 217–5 du code de la consommation que pour apprécier la conformité objective du bien, l'on doit prendre en compte « l'usage habituellement attendu d'un bien de même type ». En vue de déterminer cet usage raisonnablement attendu, le juge peut se référer à « toute disposition du droit de l'Union européenne et du droit national ainsi que de toutes les normes techniques ou, en l'absence de telles normes techniques, des codes de conduite spécifiques applicables au secteur concerné ».[55] C'est bien toujours l'usage habituellement attendu des consommateurs qui doit être déterminé en vue ensuite de préciser si le bien en cause y était conforme. À cette fin, l'on observera que le juge pourra prendre en compte toute norme technique, obligatoire ou non.

25.- Bilan. L'appréciation des critères de conformité selon la pratique antérieure ne devrait donc pas être outre mesure perturbée par les nouvelles dispositions. Qu'en est-il s'agissant des effets de la garantie légale de conformité?

2. Les effets de la garantie de conformité

26.- Hiérarchie des remèdes. Comme auparavant, le code de la consommation offre au consommateur deux séries de *remèdes* selon un rapport hiérarchique. Selon l'article L. 217–8, alinéa 1er, du code de la consommation, « en cas de défaut de conformité, le consommateur a droit à la mise

---

54 *J. Boré/L. Boré*, La cassation en matière civile, Dalloz 2023, para 78.06 et seqq.
55 C. conso., art. L. 217–5, I, 1°.

en conformité du bien par réparation ou remplacement ou, à défaut, à la réduction du prix ou à la résolution du contrat ».

Le premier type est donc le remède en nature (ou plutôt l'exécution forcée). Par principe, le consommateur choisit l'un ou l'autre parmi la réparation ou le remplacement. Cela étant, comme avant, et aux termes de l'article L. 217-12 nouveau du code de la consommation, « le vendeur peut ne pas procéder selon le choix opéré par le consommateur si la mise en conformité sollicitée est impossible ou entraîne des coûts disproportionnés ». Le vendeur peut donc opter pour l'autre volet de l'option et choisir la réparation plutôt que le remplacement ou inversement. Il peut même, selon ce même article, refuser la mise en conformité du bien si celle-ci est impossible ou entraîne des coûts disproportionnés.

Le refus offert au vendeur de procéder selon le choix de l'acheteur a fait l'objet de décisions antérieurement à l'ordonnance de 2021. La Cour de cassation a ainsi rappelé, dans un arrêt du 30 avril 2014, que le vendeur peut parfaitement choisir la réparation et non le remplacement d'un camping-car si les défauts l'affectant sont simplement mineurs. La cour d'appel ne saurait, à cet égard, prononcer la résolution du contrat du seul fait que les parties ne sont pas parvenues à se mettre d'accord sur une date pour procéder aux réparations mineures. Il faut prouver que l'impossibilité de procéder aux réparations est due à l'opposition du vendeur. Si tel est le cas, on comprend que la sanction aurait pu être la résolution du contrat, et non le remplacement du bien, qui était disproportionné.[56]

Ainsi comprise, il n'est pas évident que cette solution puisse prospérer selon le droit réformé. Il est vrai que le consommateur peut demander la *résolution ou la réduction du prix* si la mise en conformité intervient au-delà d'un délai de trente jours suivant la demande du consommateur ou si elle lui occasionne un inconvénient majeur.[57] Tel serait le cas *a fortiori* d'une réparation choisie par le vendeur qui n'est pas ou ne sera pas réalisée dans les temps, soit par un refus illégitime du vendeur, soit, comme dans le cas d'espèce de l'arrêt de 2014, parce que les parties ne parviennent pas à s'entendre sur une date de réalisation de la réparation. Sur ce point donc, il devrait être possible, en théorie, pour le consommateur, de se fonder sur la résolution ou la réduction du prix. En réalité, tout dépendra de la nature du défaut : le consommateur n'a pas droit à la résolution de la vente si le défaut

---

56 Cass. 1re civ., arrêt du 30. 04. 2014, n° 12–29.895.
57 C. conso., art. L. 217–14, 2°, nouv.

de conformité est mineur, ce qu'il incombe au vendeur de démontrer.[58] Dans le cas du camping-car aux défauts mineurs, une mise en conformité tardive devrait pouvoir permettre uniquement à l'acheteur de demander une réduction proportionnelle du prix, et non sa résolution.[59]

27.- Conclusion générale. *À la lumière du champ de l'étude que nous nous sommes donné, on retiendra que la pratique jurisprudentielle est appelée à évoluer s'agissant de la l'application spatiale des dispositions nouvelles, tout comme leur application aux animaux domestiques. Sur ce point, la pratique antérieure devrait être bouleversée. Pour le reste, globalement, l'on peut prédire une certaine continuité.*

---

58 C. conso., art. L. 217-14, *in fine*, nouv.
59 Une même solution semblait d'ailleurs s'évincer de l'article L. 217-10 ancien du code de la consommation.

Digitale Produkte in notariellen Verträgen
– Überlegungen zum Grundstückskauf –

Prof. Dr. Martin Schmidt-Kessel

Abstract: Durch die Richtlinie RL 2019/770 wurde der Kauf hinsichtlich Updates zu einem Dauerschuldverhältnis, wodurch Gestaltungsmöglichkeiten eingeschränkt werden. Zudem schließt der Begriff „Waren" auch Immobilien oder Unternehmenskäufe nicht aus. Gerade private Grundstückskäufe sind im Hinblick auf Smart-Home-Situationen von § 327a I, II BGB erfasst, wenn der Anwendungsbereich entsprechend eröffnet ist. Folgeprobleme stellen sich dann insbesondere bei der Updatepflicht, sowie bezüglich der Wirksamkeitsrisiken wegen §§ 327a II, 327c VII, 327m V BGB bei gespaltenen Verträgen. Eine weitere Problematik ergibt sich daraus, dass nach der h.M. die §§ 327a II, 327c VII, 327m V BGB auch bei getrennten Verträgen gelten, was zur Folge hat, dass die Vertragsbeendigung des Digitalvertrags den Rücktritt vom Grundstückkaufvertrag nach sich ziehen kann.

Autor: Prof. Dr. *Martin Schmidt-Kessel* an der Universität Bayreuth; Lehrstuhl für Deutsches und Europäisches Verbraucherrecht und Privatrecht sowie Rechtsvergleichung; Forschungsschwerpunkte: Verbraucherrecht in allen Perspektiven, Recht der Märkte in der digitalen Welt, Datenökonomie, Zivilverfahrensrecht und der Brexit

Die digitale Welt erfasst Grundstücke und Grundstücksgeschäfte. Das gilt nicht allein für den – auch den unternehmerischen Geschäftsverkehr erfassenden – Data Act mit seiner *accessibility by design* für verkaufte oder vermietete Gegenstände nach Art. 3 DA, der künftig wohl auch Immobilien erfasst, sondern auch und besonders für das Digitalvertragsrecht der §§ 327 ff. BGB. Die nationalen Rechtsordnungen und insbesondere auch das deutsche Recht zahlen damit einen hohen Preis für das Scheitern des im Anwendungsbereich weitaus begrenzteren optionalen EU-Kaufrechts GEKR (I.). Die einschlägigen unionsrechtlichen Vorgaben der DigitalvertragsRL[1] (II.) haben eine Umsetzung als allgemeines besonderes Schuldrecht und zugleich als besonderes allgemeines Schuldrecht erforderlich gemacht[2]. Diese Vorschriften gelten über § 327a II BGB (III.) auch für den Grund-

---

1 Richtlinie (EU) 2019/770 des Europäischen Parlaments und des Rates vom 20. Mai 2019 über bestimmte vertragsrechtliche Aspekte der Bereitstellung digitaler Inhalte und digitaler Dienstleistungen, ABlEU 2019, L136, S. 1.
2 Zu diesen Konzeptionen bereits *M. Schmidt-Kessel*, Allgemeines oder besonders Gewährleistungsrecht – Überlegungen zum Regelungsort der Gewährleistung, 63 Toyo University Law Journal (2020) 237, 244–247.

stückskauf, soweit der Kauf eines Grundstücks von einem Unternehmer an einen Verbraucher enthaltene oder verbundene digitale Produkte umfasst (IV.). Die weitgehende Unabdingbarkeit wie auch die Bedingungen der Disposition dürften dabei auch die notarielle Praxis künftig vor Herausforderungen stellen, zumal die Prozedur des § 327h BGB auf die Situation der Beurkundung gut zugeschnitten werden könnte (V.). Die Anwendbarkeit der §§ 327 ff. BGB auf Grundstückskäufe zieht zahlreiche Folgeprobleme nach sich, von denen vorliegend nur eine kleine Auswahl behandelt werden kann (VI.).

Während diese Grundkonstellation wegen der Erforderlichkeit eines Verbrauchervertrags i.S.v. § 310 III BGB in aller Regel bei anderen notariellen Geschäften – etwa einem Unternehmenskauf als *asset deal* – kaum einmal zur Anwendbarkeit der §§ 327 ff. BGB führen wird, sollte die vermittelte Anwendung in Rückgriffskonstellationen des unternehmerischen Geschäftsverkehrs nicht unterschätzt werden. §§ 327t f. BGB machen insoweit nicht immer leicht zu verstehende Vorgaben. Auf sie kann vorliegend freilich nur für Grundstückskäufe eingegangen werden.

I. Hoher Preis für das Scheitern des GEKR

Bei Diskussionen um die Bewertung der Neuregelungen sollte deren Genese nicht außer Acht gelassen werden. Die DigitalvertragsRL ist – wie auch die WarenkaufRL[3] – nicht zuletzt eine Reaktion auf das Scheitern des Gemeinsamen Europäischen Kaufrechts, GEKR, mit dem von der Kommission später zurückgezogenen Vorschlag für eine entsprechende Verordnung aus dem Jahre 2011.[4] Publizistisch vergleichsweise wenig beachtet,[5] gehörte zu dessen Kerngegenständen auch der Vertrag über die Bereitstellung

---

3 Richtlinie (EU) 2019/771 des Europäischen Parlaments und des Rates vom 20. Mai 2019 über bestimmte vertragsrechtliche Aspekte des Warenkaufs, zur Änderung der Verordnung (EU) 2017/2394 und der Richtlinie 2009/22/EG sowie zur Aufhebung der Richtlinie 1999/44/EG, ABlEU 2019, L136, S. 28. Dazu in diesem Band die Beiträge von *S. Laimer, C. Ringot-Namer, S. Herrler.*
4 Vorschlag für eine Verordnung des Europäischen Parlaments und des Rates über ein Gemeinsames Europäisches Kaufrecht vom 11.10.2011, COM (2011) 634 endg. Dazu aus der Literatur die Kommentare von *R. Schulze* (Hrsg.), Common European Sales Law (CESL), Baden-Baden 2012 und *M. Schmidt-Kessel* (Hrsg.), Der Entwurf für ein Gemeinsames Europäisches Kaufrecht, München 2014.
5 Zu den Gründen etwa *M. Schmidt-Kessel*, L'Europa dei codici o un codice per l'Europa? – Una prospettiva tedesca, ius civile 2023, 639 (647 f).

digitaler Inhalte (Art. 1 I GEK-VO-E) mitsamt vollständigem Leistungsstörungsregime.

Der Anwendungsbereich des GEKR wäre freilich weitaus beschränkter gewesen als der nun von der DigitalvertragsRL geforderte: Zunächst hätte sich die Verordnung auf digitale Inhalte und dort wohl den Kauf beschränkt[6] und digitale Dienstleistungen allenfalls als verbundene Dienstleistungen i.S.v. Art. 2 lit. m GEK-VO-E erfasst. Zudem hätte die Anwendbarkeit des GEKR stets ein *opt-in* vorausgesetzt. Schließlich wären die vorliegend vornehmlich interessierenden Mischsituationen aus dem Anwendungsbereich herausgefallen, vgl. Art. 6 I GEKR-VO-E.

II. Unionsrechtliche Vorgaben

Maßgebend für den Anwendungsbereich des umgesetzten Digitalvertragsrechts der §§ 327 ff. BGB sind zunächst die unionsrechtlichen Vorgaben der DigitalvertragsRL. Die Vorgaben der Richtlinie sind dabei ausweislich Art. 4 DigitalvertragsRL vollharmonisierend, soweit sie die Bereitstellung digitaler Inhalte und digitaler Dienstleistungen zum Gegenstand haben – die Bildung des Oberbegriffs digitale Produkte in § 327 I 1 BGB ist eine rein nationale, aber zulässige Begriffsbildung. Für diese Leistungsgegenstände begründet die Richtlinie zunächst sowohl eine Bereitstellungsverpflichtung (Art. 5 DigitalvertragsRL)[7], als auch eine Regelung zur Abhilfe bei unterbliebener Bereitstellung, die neben einem Mechanismus der Leistungsaufforderung vor allem ein Vertragsbeendigungsrecht vorsieht (Art. 13 DigitalvertragsRL). Den Schwerpunkt der Regelungen bilden freilich die Vorgaben für die Vertragsgemäßheit einschließlich Rechtsmängelfreiheit (Art. 6–10 DigitalvertragsRL) sowie die Abhilfen bei Vertragswidrigkeit, welche einen Anspruch auf Herstellung des vertragsgemäßen Zustands, eine Preisminderung und eine recht ausführlich geregelte Vertragsbeendigung vorsehen (Art. 14–18 DigitalvertragsRL). Hinzu kommt eine sehr ausführliche Regelung zur Änderung laufender Dauerverträge über digita-

---

6 In diesem Sinne *M. Schmidt-Kessel* in: M. Schmidt-Kessel (Hrsg.), Der Entwurf für ein Gemeinsames Europäisches Kaufrecht, München 2014, Art. 2 GEK-VO-E, Rn. 66, Art. 5 GEK-VO-E Rn. 4.
7 Das ist umstritten, aber wohl h.M.: *R. Schulze* in: Schulze u.a. (Hrsg.), EU Digital Law, Art. 5 DCD, Rn. 9, 13 und 17; *B. Steinrötter* in: J. von Staudingers Kommentar zum Bürgerlichen Gesetzbuch: Eckpfeiler des Zivilrechts, 8. Aufl., Berlin 2023, § 327b Rn. 6 (dort auch zu den Folgen der seiner Ansicht nach unvollständigen Umsetzung).

le Produkte (Art. 19). Die von der Richtlinie geforderten Umsetzungsvorschriften müssen zugunsten des Verbrauchers halbzwingend sein (Art. 22 DigitalvertragsRL). Davon abweichend sieht Art. 8 V DigitalvertragsRL eine Abweichung von den objektiven Konformitätserwartungen auch zu Lasten des Verbrauchers explizit vor, schreibt dafür jedoch ein anspruchsvolles Informationsverfahren mit anschließender Abbedingung vor, für welches noch einige Unklarheiten bestehen.[8]

Eine zentrale Besonderheit der DigitalvertragsRL, die für den vorliegenden Gegenstand einer Anwendung auf private Grundstückskäufe von höchster Relevanz ist, bildet sodann die Bestimmung zu den gemischten Verträgen in Art. 3 VI DigitalvertragsRL. Diese Bestimmung, die auch nationale Regelungen und Dogmatiken zu Mischverträgen, die nach Art. 3 X DigitalvertragsRL ansonsten Anwendung fänden, überlagert, adressiert den Fall mehrerer vom Unternehmer geschuldeter Leistungsgegenstände unter einem „einzigen Vertrag". Die Richtlinie spricht insoweit von einem „Paket", ohne diesen Begriff näher zu definieren. Art. 3 VI DigitalvertragsRL ordnet für die Vereinbarung von Paketen in diesem Sinne aus der Bereitstellung digitaler Inhalte oder digitaler Dienstleistungen einerseits und der „Bereitstellung anderer Dienstleistungen oder Waren" andererseits an, dass die Bestimmungen der Richtlinie „nur für die Elemente des Vertrags" zur Anwendung gelangen, „die die digitalen Inhalte bzw. Dienstleistungen betreffen". Damit wird letztlich auf der Rechtsfolgenseite zweierlei angeordnet: Zum einen erhebt die Richtlinie einen Anwendungsanspruch auch bei Mischverträgen und zum anderen beschränkt sie diesen Anwendungsanspruch auf die einschlägigen Vertragsteile.

Im Einzelnen lohnt ein Blick auf die einschränkenden Regelungselemente von Art. 3 VI DigitalvertragsRL: Durch das Wort „nur" ergibt sich die bereits erwähnte Beschränkung des obligatorischen Anwendungsbereichs des Umsetzungsrechts auf die jeweiligen Vertragsteile. Ausweitungen auf andere Vertragsteile durch den nationalen Gesetzgeber oder im Wege ausweitender richterlicher Anwendungsentscheidungen steht dies freilich nicht entgegen, soweit entsprechende Regeln nicht mit anderem Unionsrecht kollidieren.

Die Richtlinie spricht ausdrücklich von Waren (frz. *biens*, engl. *goods*, it. *beni*), definiert diesen Begriff – anders als etwa Art. 2 Nr. 5 WarenkaufRL und Art. 2 Nr. 3 VerbraucherrechteRL – jedoch nicht. Für unseren

---

[8] Dazu M. *Schmidt-Kessel*, Qualität digitaler Produkte, in: M. Schmidt-Kessel u.a. (Hrsg.), Handbuch Verbraucherrecht, Hürth 2023, Kap. 14 Rn. 150–157.

Zusammenhang wirft das die Frage auf, ob der Anwendungsbereich der Mischvertragsregelung insoweit auf bewegliche Sachen beschränkt ist[9] oder auch Immobilien oder andere Kaufgegenstände umfasst, mit anderen Worten, ob die Erfassung von Paketen mit Immobilien EU-rechtlich vorgegeben wird. Festzuhalten ist hier jedenfalls, dass kein expliziter Ausschluss von Immobilienverträgen oder Unternehmenskäufen vorliegt, wenn man den Warenbegriff nicht auch ohne Definition aus der WarenkaufRL[10] oder gar der Warenverkehrsfreiheit und damit der Art. 28, 34 ff. AEUV beschränkt auf bewegliche Sachen übernimmt. Ob über einen in der Richtlinie nicht näher definierten Warenbegriff implizit andere Leistungsgegenstände als bewegliche Sachen und Dienstleistungen von den durch Art. 3 VI erfassten Paketen ausgeschlossen sein sollen, erscheint aus teleologischer Sicht zweifelhaft, weil die Richtlinie als Horizontalrechtsakt ja gerade einer möglichst vollständigen Erfassung digitalvertragsrechtlicher Vertragselemente dient. Systematisch hätte eine Immobiliarvertragsausnahme eher in Art. 3 V DigitalvertragsRL geregelt werden müssen, wenn und soweit der Gesetzgeber auf Regelungskohärenz Wert legt. Die Frage dürfte den EuGH beschäftigen.

Keine echte Einschränkung begründet auch das Erfordernis eines „Pakets", weil dieses – wie auch das Wort „Elemente" – lediglich der Beschreibung der Mischsituationen dient und keine zusätzlichen Voraussetzungen gegenüber dem Zusammentreffen digitalvertraglicher und sonstiger Leistungsgegenstände begründet.

Einschränkende Wirkungen hat hingegen das Erfordernis eines einzigen Vertrags. Insbesondere fällt das nur zufällige Zusammentreffen zeitgleicher Vertragsschlüsse über unterschiedliche Gegenstände jedenfalls dann unproblematisch aus dem Anwendungsbereich von Art. 3 VI DigitalvertragsRL, wenn ein innerer Zusammenhang zwischen den Verträgen nicht besteht; das ist auch nicht wirklich problematisch, weil dann die Richtlinie auf einen der beiden Verträge, nämlich den über die digitalen Produkte, ohnehin Anwendung findet. Der Versuch einer Aufgliederung in einen digitalvertraglichen Vertrag und einen Vertrag über die übrigen Elemente des einheitlich gedachten Geschäftes wäre aber, soweit dadurch die Anwendung der DigitalvertragsRL verhindert wird, jedenfalls ein Fall der Umge-

---

9 In diesem Sinne etwa *M. Wendland/L. Soritz* in: BeckOK-BGB, 68. Ed. 1.5.2023, § 327a Rn. 6.
10 Dafür könnte immerhin die Definition der „Waren mit digitalen Elementen" in Art. 2 Nr. 3 DigitalvertragsRL sprechen. Umgekehrt könnte man dem Verzicht auf eine Warendefinition in der DigitalvertragsRL aber auch ein Offenhalten der Paketsituationen für Immobilien entnehmen.

hung im Sinne von Art. 22 DigitalvertragsRL, sodass auch das Merkmal des „einzigen Vertrags" nur begrenzte Einschränkungswirkungen für die Mischvertragsregelung entfaltet. Praktisches Beispiel außerhalb des Immobilienbereichs wäre der gesonderte Vertragsschluss über das in die Richtlinie einbezogene Zubehör im Sinne von Art. 7 lit. c und Art. 8 I lit. c DigitalvertragsRL.

Wieder anders steht es mit der Ausnahme zugunsten von Art. 3 IV DigitalvertragsRL eingangs des Abs. VI. Hier werden die in der WarenkaufRL geregelten Verbrauchsgüterkäufe über Waren[11] mit digitalen Elementen bewusst insgesamt dem Kaufrecht unterworfen. Auch wenn diese Regelung rechtspolitisch nicht immer sinnvolle Folgen auslöst,[12] ist sie für den Anwendungsbereich der Mischvertragsregelung selbstverständlich als bindend hinzunehmen.

Im Ergebnis bleiben nicht völlig auflösbare Zweifel am Maß der Richtlinienvorgaben im Hinblick auf die Erfassung von gemischten Verträgen mit Immobilien, die letztlich nur der EuGH wird klären können. Ob die Erfassung insbesondere von mitverkauften Smart-Home-Anwendungen, aber auch der Steuerungssoftware etwa von Heizungen unionsrechtlich vorgegeben ist oder die Referenz auf Waren und Dienstleistungen in Art. 3 VI DigitalvertragsRL mehr ist als ein Rekurs des Gesetzgebers auf die klassische Vollständigkeitsformulierung, bleibt damit Gegenstand ärgerlicher Unsicherheit.

III. Umsetzung in § 327a BGB

Der deutsche Umsetzungsgesetzgeber hat die Vorgabe des Art. 3 IV und VI DigitalvertragsRL in § 327a BGB unter Vornahme einer weiteren Differenzierung umgesetzt: Der Richtlinienvorgabe entsprechen im Kern § 327a I und III BGB. Abs. I übernimmt für Pakete aus digitalen Produkten und Sachen unter einem Vertrag die erörterte Rechtsfolge des Art. 3 VI DigitalvertragsRL und ordnet für einen solchen Paketvertrag die Anwendung der §§ 327 ff. BGB für den digitalvertraglichen Teil und mithin die unionsrechtliche Kombinationslösung an. Darin liegt eine hinreichende

---

11 Hier gesichert bewegliche Sachen, vgl. Art. 2 Nr. 3 DigitalvertragsRL und Art. 2 Nr. 5 WarenkaufRL.
12 S. etwa die Darstellung zu §§ 346 ff. BGB beim Rücktritt vom Kauf über Waren mit digitalen Elementen in *Schmidt-Kessel*, Qualität (Fn. 8), Kap. 13, Rn. 446–464.

Richtlinienumsetzung und vor allem eine Klarstellung für Immobilien, weil von Sachen und nicht von Waren iSv § 241a I BGB die Rede ist.[13] Umgekehrt nimmt § 327a III BGB den Kauf von Waren mit digitalen Elementen in Umsetzung von Art. 3 IV DigitalvertragsRL von der Anwendung der §§ 327 ff. BGB zugunsten einer Absorption zum Kaufrecht aus. Auch insoweit handelt es sich um eine hinreichende Richtlinienumsetzung. Sie enthält durch die Beschränkung auf Waren zugleich eine negative Klarstellung betreffend Immobilien.

Dabei ist der Umsetzungsgesetzgeber jedoch nicht stehen geblieben, sondern hat mit § 327a II BGB eine zusätzliche Variante eingeführt, die einen Spezialfall zu § 327a I BGB, der Kombination von Sache und digitalem Produkt, regelt und für ihren Anwendungsbereich ebenfalls Art. 3 VI DigitalvertragsRL umsetzt.[14] Erfasst werden digitale Produkte, die in Sachen enthalten oder mit ihnen verbunden sind. Es handelt sich um ein besonderes Paket durch technische Verbindung von Sache und digitalem Produkt. Die Rechtsfolgen von § 327a I und II BGB unterscheiden sich nur außerhalb der Richtlinienumsetzung, nämlich hinsichtlich der Voraussetzungen des Durchschlagens einer Vertragsbeendigung wegen unterbliebener Bereitstellung oder Mängeln auf den nicht digitalvertraglichen Vertragsteil. Für die allgemeinen Paketverträge findet das Durchschlagen durch Rücktritts- respektive Kündigungsrechte bezüglich des anderen, nicht digitalvertraglichen Vertragsteils nach §§ 327c VI, 327m IV BGB weniger leicht statt (Interessefortfall erforderlich), als in den Fällen des enthaltenen oder verbundenen digitalen Produkts i.S.v. § 327a II BGB nach §§ 327c VII, 327m V BGB (fehlende Eignung zur gewöhnlichen Verwendung). Gerechtfertigt wird die Sonderbehandlung, die mit diesem erleichterten Durchschlagen der Vertragsbeendigung des Verbrauchers einher geht, durch die intuitive Einheit der Leistungsgegenstände bei enthaltenen oder verbundenen digitalen Produkten.[15] Sie erfasst auch Verträge über Waren mit digitalen Elementen, soweit hinsichtlich der Waren kein Verbrauchsgüterverkauf über Waren mit digitalen Elementen i.S.v. § 327a III BGB vorliegt, also etwa Mietwagenverträge, für die künftig eine Kombinationslösung hinsichtlich Hard- und

---

13 *Steinrötter*, Staudinger (Fn. 7), § 327a Rn. 8.
14 Dass die Norm unionsrechtlich nicht geboten sei (so etwa *M. Wendland/L. Soritz* in: BeckOK-BGB. 68. Ed. 1.5.2023, § 327a Rn. 9), steht dem nicht entgegen.
15 Es kommt also – anders als *J. Gansmeier/L. Kochendörfer*, Digitales Vertragsrecht Anwendungssystematik, Regelungsprinzipien und schuldrechtliche Integration der §§ 327 ff. BGB, ZfPW 2022, 1 (9 f.) meinen – nicht zu einem Spannungsverhältnis zur Vertragstypenunabhängigkeit.

Software vorliegt. Im Hinblick auf die DigitalvertragsRL ist diese Form der Richtlinienumsetzung korrekt.[16]

Die Sonderregelung des § 327a II BGB hat allerdings noch einen weiteren Effekt, weil der Abs. II anders als § 327a I BGB auch bei getrennten Verträgen[17] und wohl sogar bei Verträgen ohne Personenidentität[18] eingreift. Die zur Rechtfertigung der Anwendung erforderliche Verbindung der Verträge ergibt sich hier anders als bei § 358 III BGB nicht aus einer wirtschaftlichen Einheit, sondern aus der technischen Verbindung zwischen Sache und digitalem Produkt.[19] Auch hier ergibt sich die Relevanz dieser Sachentscheidung bei den Aufhebungsrechten nach §§ 327c VII, 327m V BGB, welche in den jeweils verbundenen Verträgen ggf. zusätzliche Kündigungs- oder Rücktrittsrechte begründen. Weitere Sachfragen, insbesondere Einwendungs- und Einrededurchgriffe sind hingegen ungeklärt. Auch dieses Durchschlagen auf technisch verbundene Verträge ist richtlinienkonform, da lediglich Folgewirkungen für autonomes Vertragsrecht geregelt werden.

Neben einem Verbrauchervertrag nach § 310 III BGB und der vertragsgegenständlichen Bereitstellung eines digitalen Produkts i.S.v. § 327 BGB ist Voraussetzung von § 327a II BGB, dass das digitale Produkt in einer Sache enthalten oder mit ihr verbunden ist. Erforderlich ist daher zunächst eine Sache als Bezugspunkt des Konnexes zu den digitalen Produkten. Die Sache muss entweder zugleich auch als Datenträger fungieren („enthalten")[20] – wie etwa auf der Kauf- oder Mietsache gespeicherte Systemsoftware oder Apps[21] – oder eine Datenverbindung mit den betreffenden digitalen Produkten aufweisen („verbunden")[22]. Wie dauerhaft diese Verbindung sein muss – genügt Bluetooth? – ist bislang ungeklärt.

---

16 Auf die Fragen möglicher Konflikte mit sonstigem Unionsrecht, etwa der WarenkaufRL oder der PauschalreiseRL kann hier nicht eingegangen werden.
17 *Steinrötter*, Staudinger (Fn. 7), § 327a Rn. 15; *Metzger*, MüKoBGB (Fn. 17), § 327a Rn. 8.
18 *A. Bernzen/L. Specht-Riemenschneider* in: Erman BGB, 17. Auflage, Köln 2023, § 327a BGB Rn. 15; *A. Metzger* in: MüKoBGB, 9. Auflage, München 2022, § 327a Rn. 8.
19 *Metzger*, MüKoBGB (Fn. 17), § 327a Rn. 9. Vgl. auch *M. Fries* in: BeckOGK-BGB, Stand: 1.4.2022, § 327a Rn. 4 (zu § 327a I BGB).
20 *M. Mayer/C. Möllnitz*, Gewährleistung für „smarte" Produkte nach Umsetzung der Digitale Inhalte- und Warenkauf-Richtlinien, RDi 2021, 333 (337); *Schmidt-Kessel*, Qualität (Fn. 8), Kap. 14 Rn. 49.
21 BT-Drucks. 19/27653, S. 46; *M. Mayer/C. Möllnitz*, Gewährleistung für „smarte" Produkte nach Umsetzung der Digitale Inhalte- und Warenkauf-Richtlinien, RDi 2021, 333 (337); *Schmidt-Kessel*, Qualität (Fn. 8), Kap. 14 Rn. 49.
22 *Schmidt-Kessel*, Qualität (Fn. 8), Kap. 14 Rn. 49.

IV. Geltung für den privaten Grundstückskauf

Ob die §§ 327 ff. BGB über die Kombinationslösungen nach §§ 327a I und II BGB auch auf private Grundstückskäufe Anwendung finden, ist bislang im Detail eher wenig erörtert.[23] In der Begründung zum Regierungsentwurf wird die Frage nicht weiter problematisiert; allerdings werden Smart-Home-Anwendungen ausdrücklich als Anwendungsbeispiel erwähnt.[24] Dazu passen nicht nur das Regelungstelos der Richtlinie und auch dasjenige der nationalen Umsetzung, welche auf eine breite Anwendbarkeit des Digitalvertragsrechts in sämtlichen Mischfällen gerichtet sind, sondern auch der schlichte Regelungswortlaut. Dieser übernimmt nämlich – anders als frühere Referentenentwürfe zur Umsetzung – nicht den Warenbegriff aus der Richtlinie, sondern spricht generell von Sachen, was unbewegliche Sachen selbstverständlich einschließt.[25] Das erwähnte historische Argument des von den Entwurfsverfassern verwendeten Beispiels rundet das Bild: Für eine Ausnahme für Grundstücksgeschäfte und insbesondere Grundstückskäufe von den Kombinationslösungen nach §§ 327a I, II BGB gibt es keinen dogmatisch beachtlichen Grund. Zugleich greift die Ausnahme des § 327a III BGB für Immobilien nicht, sodass es für den Grundstückskauf auf das schwierige Kriterium der Funktionserforderlichkeit nicht ankommt.[26]

Der Grundstückskauf von professionell an privat wird hinsichtlich der enthaltenen oder verbundenen digitalen Produkte zum gemischten Vertrag aus Kauf und Digitalvertrag. Das Maß der Verdrängung des Grundstückskaufrechts durch §§ 327 ff. BGB dokumentiert dabei § 453 I 2/3 BGB als maßgebende Norm des allgemeinen Kaufrechts für die Steuerung von Verdrängung und Restanwendung des Kaufrechts. Die Anwendbarkeit der §§ 327 ff. BGB beim Immobilienkauf gilt auch für Bestandsgebäude, sodass – ohne abweichende Vereinbarung und anders als hinsichtlich der Bausubstanz – hinsichtlich der digitalen Produkte nach § 327e III 1 Nr. 6 BGB jeweils deren neuste Version geschuldet ist.

---

23 Dafür explizit *Metzger*, MüKoBGB (Fn. 17), § 327a Rn. 3; *C. Wendehorst*, Die neuen Regelungen im BGB zu Verträgen über digitale Produkte, NJW 2021, 2913 (2914); *Schmidt-Kessel*, Qualität (Fn. 8), Kap. 14 Rn. 49 (für § 327a II BGB).
24 BT-Drucks. 19/27653, S. 46.
25 Statt aller *Metzger*, MüKoBGB (Fn. 17), § 327a Rn. 3; *Wendehorst*, Neue Regelungen (Fn. 23), S. 2914.
26 *M. Artz* in: A. Staudinger u.a. (Hrsg.), Neues Kaufrecht und Verträge über digitale Produkte, München 2022, Rn. 321.

V. Weitestgehende Unabdingbarkeit

Jenseits der noch zu betrachtenden einzelnen Folgefragen (s.u. sub VI.) zieht die durch § 327a I/II BGB angeordnete Anwendbarkeit des Digitalvertragsrechts der §§ 327 ff. BGB zugleich nach § 327s I-III BGB eine weitgehende Unabdingbarkeit der gesetzlichen Regelung zu Lasten des Verbrauchers, hier also des Grundstückskäufers, nach sich. Die Unbeachtlichkeit abweichender Vereinbarungen endet erst mit Mitteilung der Vertragsverletzung durch den Verbraucher respektive mit der Information über die Vertragsänderung durch den Unternehmer, so dass die Vergleichsfähigkeit der entstehenden Ansprüche gewahrt ist. Diese weitgehende Unabdingbarkeit schreibt § 327u IV BGB bei Mängeln unglücklicherweise auch für die gesamte Rückgriffskette vor (s.u. sub VI. 5.).

Halbzwingend ist damit insbesondere die durch § 327a I/II BGB angeordnete Kombinationslösung einschließlich deren Ausgestaltung durch §§ 327c VI, VII, 327m IV, V, 453 I 2/3 BGB. Im Übrigen erfasst § 327s I mit III BGB vornehmlich die Bestimmungen zur (verspäteten) Bereitstellung in §§ 327b f. BGB sowie die Rechtsbehelfsseite von Produkt- und Rechtsmängeln nach den §§ 327i-327p BGB, wobei § 327s IV BGB Ansprüche auf Schadensersatz (einschließlich der den Schadensersatz betreffenden Teile von § 327c BGB) von der Halbzwingendstellung ausschließt. § 327s I, III BGB gelten auch für den von der Richtlinie nicht vorgegebenen § 327q BGB. Eine entsprechende Regelung trifft § 327s II, III BGB gegen Abweichungen von den Bestimmungen über die Leistungsänderung nach § 327r BGB.

Abgesehen von den bereits erwähnten Fällen der Sicherstellung der Vergleichsfähigkeit und des Schadensersatzes eröffnen §§ 327h, 327s V BGB, als wichtigste Ausnahme von der Unabdingbarkeit zu Lasten des Verbrauchers, die objektiven Anforderungen an die Qualität des digitalen Produkts als Feld einer vertraglichen Abweichung von den gesetzlichen Vorgaben. Diese prinzipielle Abdingbarkeit von §§ 327e III 1 Nr. 1-5, 327f I, 327g BGB im Hinblick auf die objektiv anzunehmenden Verbrauchererwartungen wird durch § 327h BGB freilich mehr verschleiert, als angeordnet. Die Vorschrift regelt nämlich – im Hinblick auf eine AGB-Kontrolle wohl nicht abschließend[27] – die Voraussetzungen abweichender Qualitätsvereinbarun-

---

[27] *Metzger*, MüKoBGB (Fn. 17), § 327h Rn. 7; *Bernzen/Specht-Riemenschneider*, Erman BGB (Fn. 18), § 327h BGB Rn. 13.

gen zu Lasten des Verbrauchers und eröffnet damit die Abdingbarkeit nur mittelbar als vorausgesetzte Rechtslage.

Voraussetzung einer von den objektiven Standards abweichenden Vereinbarung ist ein zweistufiges Verfahren, nach dem der Verbraucher zunächst „eigens davon in Kenntnis gesetzt wurde, dass ein bestimmtes Merkmal des digitalen Produkts von diesen objektiven Anforderungen abweicht" und sodann „diese Abweichung im Vertrag ausdrücklich und gesondert vereinbart wurde". Das zweite Erfordernis führt insbesondere dazu, dass die schlichte Kenntnis des Verbrauchers allein nicht ausreicht, um die Abweichung von den objektiven Anforderungen unerheblich sein zu lassen. Mit anderen Worten: § 442 BGB kommt im Anwendungsbereich der §§ 327 ff. BGB nicht zur Anwendung und der Grundstücksverkäufer haftet insoweit auch für Mängel, welche dem Verbraucher positiv bekannt sind. Hinsichtlich des ersten Erfordernisses besteht – wie bei der Parallelnorm des § 476 I 2 BGB – derzeit eine erhebliche Unsicherheit, welches Maß an Kognition beim Verbraucher zu fordern ist.

Für Grundstückskaufverträge ist im Hinblick auf § 327h BGB freilich darauf hinzuweisen, dass sich das Verfahren der notariellen Beurkundung geradezu idealtypisch für einen Gewährleistungsausschluss nach dieser Vorschrift eignet. Insbesondere dürfte sich das Instrument einer Aufnahme der Kenntnisnahme in die Urkunde besonders dazu eignen, den Nachweis der kognitiven Voraussetzungen des Zurkenntnisbringens jedenfalls zu erleichtern. Gerade für das Bauträgergeschäft bleibt allerdings die AGB-Kontrolle mit dem durch die Kombinationslösung des § 327a I/II BGB und durch die partielle Anwendbarkeit der §§ 327 ff. BGB gegenüber der bisherigen Rechtslage nicht unerheblich modifizierten gesetzlichen Leitbild eine nicht zu unterschätzende Hürde.

Die Einschränkung der Abdingbarkeit durch § 327h BGB gilt ausdrücklich nicht für das Gebot der jeweils neuesten Version nach § 327e III 1 Nr. 6 BGB. Bei dieser könnte allerdings zumindest mittelfristig – vor allem im Hinblick auf die Erhaltungs- und Updateverpflichtung nach §§ 327 III 1 Nr. 5, 327f BGB – eine breite Verkehrserwartung einer Abweichung durch AGB entgegenstehen.

VI. Folgefragen

Die Anwendbarkeit der §§ 327 ff. BGB im Rahmen des Grundstückskaufs für Vertragsteile betreffend digitale Produkte löst viele Folgefragen aus. Zu den Gründen dafür gehört der Umstand, dass es sich in diesen Fällen unter dem Abgrenzungsregime der §§ 327a I, 453 I 2/3 BGB oder §§ 327a II, 453 I 2/3 BGB um eine atypische Kombinationslösung handelt, weil eine Restanwendung von Kaufrecht auch für die digitalen Teile erforderlich bleibt. Das gilt nur dann nicht, wenn die Parteien hinsichtlich der digitalen Leistungsteile einen anderen Vertragstyp wählen, etwa hinsichtlich der Smart-Home-Anwendungen lediglich einen Mietvertrag schließen (mit der Folge der Anwendbarkeit von §§ 327a I/II, 578b BGB). Aus dieser Art besonderer Typenmischung ergibt sich dann ggf. das zusätzliche Problem, wie damit im Hinblick auf abweichende Verkehrserwartungen umzugehen ist. Diese Frage überschreitet freilich den hier gesetzten Rahmen bei weitem und muss – weitgehend[28] – unbehandelt bleiben.

Im Folgenden kann nur eine kleine Auswahl von Sachfragen adressiert werden. Insoweit erfolgt auch eine Konzentration auf die Konstellationen des § 327a II BGB. Aus notarieller Sicht sind dabei zunächst Anwendbarkeit und EU-rechtliche Zulässigkeit des Beurkundungserfordernisses von besonderem Interesse. Besonders diskussionswürdig ist zudem die Anwendbarkeit von Update-Pflichten des Digitalvertragsrechts auf den Grundstücksverkäufer. Bestandsrisiken für den Vertrag ergeben sich vor allem für den Fall einer Vertragsbeendigung des Digitalteils, wobei diese Risiken ggf. auch getrennte Verträge über verbundene oder enthaltene digitale Produkte erfassen können. Schwierigkeiten wird zudem der sehr weit geratene aber kaum abdingbare Regress des auf Mangelbeseitigung in Anspruch genommenen Unternehmers bereiten.

1. Reichweite von § 311b I BGB

Aufgrund des weiten Anwendungsanspruchs von § 311b I BGB erstreckt sich das dort angeordnete Beurkundungserfordernis auch auf die digitalen Vertragsteile. Eine sich dadurch – etwa im Falle von Schwarzkäufen – ergebende Unwirksamkeit des Kaufvertrages ist unionsrechtlich zulässig. Das

---

[28] Für einen besonderen Fall noch unten sub 2.

ergibt sich nicht nur aus der allgemeinen Klausel des Art. 3 X DigitalvertragsRL, sondern auch aus dem Regelungszweck der Regelungen, insbesondere hinsichtlich der Bereitstellungspflicht und der Mangelfreiheit. Anders als bei den besonderen Rückabwicklungsregimen im Falle des verbraucherschützenden Widerrufs[29], bezwecken und organisieren die Richtlinienbestimmungen nicht den Schutz vor dem ungewollten Vertrag, sondern den Schutz des Erfüllungsinteresses, ohne die Vertragsschlussvoraussetzungen im Allgemeinen selbst zu regeln. Schwierigkeiten können sich dementsprechend nur dort ergeben, wo die DigitalvertragsRL Voraussetzungen einer Bindung der Parteien selbst regelt.

Als mögliche Problemzonen sind dabei insbesondere solche Punkte zu nennen, an denen das Unionsrecht Kommunikation des Unternehmers außerhalb des eigentlichen Vertrags besondere Bedeutung zuschreibt. Das gilt – wie bislang schon beim Kauf[30] – zum einen für die öffentlichen Äußerungen des Unternehmers etwa in einem Exposé oder bei einer Baubesichtigung o.ä., die hinsichtlich der digitalen Produkte gemäß § 327e III 2/3 BGB pflichtenbegründend werden und zum anderen für die an die vorausgesetzte Verwendung nach § 327e II 1 Nr. 1 lit. b BGB zu stellenden Anforderungen:

Bei öffentlichen Äußerungen hat der Gesetzgeber gezielt Äußerungen außerhalb der Vertragsurkunde für pflichtenbegründend erklärt. Die Ausnahmen von der Verbindlichkeit sind in § 327e III 3 BGB abschließend aufgeführt, so dass der Grundstücksverkäufer mit dem Einwand der unterbliebenen Beurkundung des Inhalts der öffentlichen Äußerung nicht gehört wird. Diese Lösung verlangt auch – soweit dessen Anwendungsbereich eröffnet ist – das Unionsrecht. Die für das Kaufrecht vom V. Zivilsenat des Bundesgerichtshofs gegebene Begründung, die Verpflichtung ergebe sich aus dem Gesetz,[31] wird hingegen den unionsrechtlichen Mangelbegriffen nicht gerecht, die jeweils auf der Vorstellung der *implied term* als geronnener Vertragsauslegung beruhen; sie beruht letztlich auf altrechtlichem Gewährleistungsdenken vor 2002 mit der Vorstellung einer gesetzlich angeordneten und vom Parteiwillen unabhängigen Haftung. Sie kann für das Digitalvertragsrecht erst recht keinen Bestand haben. Im Ergebnis gilt damit aber hinsichtlich des Mangelbegriffs für das Digitalvertragsrecht nichts

---

29 S. BGHZ 183, 235.
30 Dazu BGH NJW 2018, 1954.
31 BGH NJW 2018, 1954 Rn. 21.

Anderes als für das Kaufrecht. Unterschiede ergeben sich erst bei Abdingbarkeit und Kenntnis des Käufers.

Auch für die vorausgesetzte Verwendung stellt das Gesetz eigene – in § 327e II 1 Nr. 1 lit. b BGB leider unzureichend umgesetzte[32] – Anforderungen an die maßgebende Kommunikation der Parteien auf. Erforderlich ist jedenfalls eine – für die praktische Relevanz: über das Übliche hinausgehende Anforderungen begründende – Äußerung der Parteien zur vorausgesetzten Verwendung. Dabei handelt es sich ausweislich der Richtlinienvorgabe in Art. 7 lit. b DigitalvertragsRL um die Verbindung einer vom Verbraucher geäußerten Vorstellung, welcher der Unternehmer zugestimmt hat.[33] Anders als in den übrigen Fällen des Art. 7 DigitalvertragsRL wie auch deren Umsetzung in § 327e II Nr. 1 lit. a, 2 und 3 BGB wird dabei nicht auf den Vertrag und dessen Inhalt Bezug genommen.[34] Bereits der Wortlaut der Vorschriften spricht daher dafür, die für vorausgesetzte Verwendung erforderliche Kommunikation nicht der Beurkundungspflicht unterfallen zu lassen.[35] Das entspricht auch dem Regelungszweck der Bestimmung, die Qualitätserwartungen außerhalb der eigentlichen Vertragsschlusskommunikation zu schützen. Auch dieses Ergebnis entspricht den vom V. Zivilsenat des BGH zum alten Kaufrecht geäußerten Vorstellungen[36] und auch hier passt die Begründung nicht zum Grundverständnis der gesetzlichen Regelung, was sich schlussendlich auf das Ergebnis nicht auswirkt.

Hinzuweisen ist in diesem Kontext noch auf die Parallelproblematik eines auf das digitale Produkt beschränkten Vertragsteils mit Schenkungscharakter (vgl. § 516a BGB)[37], für den § 518 I BGB richtigerweise ebenfalls die Formpflichtigkeit begründet. Auch hier bleibt es aber bei der Anwendbarkeit von § 327e II Nr. 1 lit. b und III 2/3 BGB für die Bestimmung der

---

32 Vgl. *Bernzen/Specht-Riemenschneider*, Erman BGB (Fn. 18), § 327e BGB Rn. 21; *Metzger*, MüKoBGB (Fn. 17), § 327e Rn. 21.
33 Der Regelungszweck würde darüber hinaus erfordern, auch einseitige Äußerungen des Unternehmers zu – unüblichen – Verwendungsmöglichkeiten auch dann ausreichen zu lassen, wenn sie nicht öffentlich i.S.v. Art. 8 I lit. b DigitalvertragsRL/§ 327e III 2 BGB sind. Der Punkt ist freilich ungeklärt.
34 *Bernzen/Specht-Riemenschneider*, Erman BGB (Fn. 18), § 327e BGB Rn. 21.
35 *Bernzen/Specht-Riemenschneider*, Erman BGB (Fn. 18), § 327e BGB Rn. 21. Anders offenbar *Metzger*, MüKoBGB (Fn. 17), § 327e Rn. 21.
36 S. BGH NJW 2018, 1954 Rn. 21.
37 Zu den seltenen Anwendungsfällen aufgrund der fiktiven Entgeltlichkeit unter § 327 III BGB vgl. *E. Koch* in: MüKoBGB, 9. Auflage, München 2023, § 516a Rn. 2; *H.-P. Mansel* in: O. Jauernig (Hrsg.), BGB-Kommentar, 19. Auflage, München 2023, § 516a Rn. 5.

vom Schenker geschuldeten Qualität auch dann, wenn die betreffenden Äußerungen nicht beurkundet werden.

2. Updatepflicht

Ein Vertrag über die Bereitstellung digitaler Produkte geht immer mit einer Pflicht zur Qualitätserhaltung einher. Diese wird in §§ 327e III 1 Nr. 5, 327f BGB durch die Pflicht zur Bereitstellung von Aktualisierungen („Updates") konkretisiert, welche das Qualitätsniveau aufrechterhalten sollen. Qualitätsverbesserungen sind ohne gesonderte Vereinbarung nicht geschuldet.

Schwierigkeiten bereitet diese Qualitätserhaltungspflicht vor allem beim Kauf, weil sich dort der Zeitraum der Qualitätserhaltung bislang nicht zuverlässig bestimmen lässt.[38] Maßgebend ist nach § 327f I 3 Nr. 2 BGB nämlich der „Zeitraum, den der Verbraucher aufgrund der Art und des Zwecks des digitalen Produkts und unter Berücksichtigung der Umstände und der Art des Vertrags erwarten kann." Bisherige Konkretisierungsüberlegungen haben vor allem ergeben, dass sich der maßgebende Zeitraum in Anwendung dieser Kriterien kaum steuern lässt.

Dabei bereitet auch der Umstand Schwierigkeiten, dass die Verkehrserwartungen bezüglich der Sicherheit in § 327f I 2 BGB mit anderen Verkehrserwartungen verbunden sind, als die übrige Funktionsfähigkeit des digitalen Produkts.[39] Zudem werden sich Verkehrserwartungen bei enthaltenen und verbundenen digitalen Produkten i.S.v. § 327a II BGB eher nach der Lebensdauer der zugehörigen Sache richten als bei isolierten Leistungsversprechen. Für Grundstückskäufe kommt daher durchaus auch eine Frist von 30 Jahren in Betracht. Hier zeigt sich besonders deutlich, wie sehr sich das gesetzliche Leitbild der betroffenen Verträge gegenüber dem klassischen Grundstückskauf verschoben hat.

Für die Abdingbarkeit gelten die beschriebenen Vorgaben des § 327h BGB, sodass jedenfalls eine Überwindung der beiden Stufen für die Disposition hinsichtlich der Dauer der Erhaltungspflicht überwindbar erscheint. Auch hier ist freilich bei der anschließenden Inhaltskontrolle nach § 307 BGB die Leitbildfunktion des neuen Rechts zu bedenken, was die Abdingbarkeit in den Konstellationen des § 310 III BGB zweifelhaft erscheinen lässt. Hinzu kommt bei den hier interessierenden Grundstückskäufen die

---
38 Siehe etwa *Steinrötter*, Staudinger (Fn. 7), § 327f Rn. 25 m.w.N.
39 Vgl. *Steinrötter*, Staudinger (Fn. 7), § 327f Rn. 26.

Möglichkeit, dass die Neuregelungen auch für den kaufrechtlichen Teil neue Qualitätserwartungen begründen. Insbesondere bei Sicherungsupdates hinsichtlich essentieller Fazilitäten des Gebäudes oder des Grundstücks – man denke etwa an Alarmanlagen und Hebeanlagen – mag hier sogar eine langfristige Unabdingbarkeit ins Haus stehen. Die gesonderte Erwähnung der Sicherheitsupdates in § 327f I 2 BGB legt unterschiedliche Leitbilder hinsichtlich der Erhaltungsdauer möglicherweise nahe.

Die zeitliche Begrenzung der Qualitätserhaltung könnte zugleich kaufvertraglich mangelbegründend sein und damit ggf. auch die ebenfalls nicht auf Waren beschränkten Grenzen nach § 309 Nr. 7, 8 BGB zur Anwendung bringen. Dabei ist davon auszugehen, dass der Richtlinienvorrang und dessen Umsetzung in § 453 I 2/3 BGB eine solche Doppelung von Mangelbegründungen nicht ausschließt.[40] Für den Kaufteil könnte dann am Ende doch § 442 I BGB weiterhelfen, soweit es um den Ausschluss der Mangelhaftigkeit nach §§ 434 f. BGB geht. Auch hier empfiehlt sich dann aber eine entsprechende Dokumentation im Rahmen der Beurkundung.

Eine bislang noch wenig diskutierte Alternative könnte sich daraus ergeben, hinsichtlich der digitalen Leistungsteile keinen Kaufvertrag, sondern nur einen Mietvertrag (oder einen Dienstleistungsdauervertrag) zu vereinbaren und diesen zu befristen. Soweit eine solche Vereinbarung wirksam ist, würde sie die Erhaltungsverantwortlichkeit des Unternehmers auf den Bereitstellungszeitraum nach § 327f I 3 Nr. 1 BGB begrenzen. Auch hier könnten sich freilich aus dem Zusammenspiel der Digitalmiete mit dem Grundstückskauf Gefahren für die Wirksamkeit ergeben. Das gilt insbesondere dann, wenn die Mietdauer zu kurz und damit kaufvertraglich mangelbegründend gewählt wird. Auch hier könnte § 442 I BGB helfen, soweit der Vorschrift nicht durch zusätzliche – etwa auf die Wertungen der §§ 307 ff. BGB gestützten – Restriktionen zu Leibe gerückt werden. Für Bauträgerverträge muss zudem bedacht werden, ob eine solche Vereinbarung den Vorgaben der MaBV wie auch der Bauträger-AbschlagszahlungenVO und der dort wichtigen „vollständigen Fertigstellung" gerecht wird. Überhaupt ist das Zusammenspiel der Updateverpflichtung mit dem Restbehalt nach § 3 II 2 MaBV noch klärungsbedürftig.

---

40 Annähernd ausdiskutiert ist diese Sonderproblematik des Anwendungsbereichs allerdings nicht.

3. Durchschlagen von Rechtsfolgen auf den Grundstückskauf

Vergleichsweise selbstverständlich ist nach dem Vorstehenden, dass bei Mängeln des digitalen Produkts, die sich auch aus der fehlenden Erfüllung der Erhaltungspflicht ergeben können, auch Konsequenzen für den Vertrag im Übrigen drohen. Begründet das Fehlen respektive ein Mangel des digitalen Produkts eine fehlende Eignung der Sache zur gewöhnlichen Verwendung, begründen §§ 327c VII, 327m V BGB ein Aufhebungsrecht des Verbrauchers,[41] das auf eine Erheblichkeitsschwelle jenseits derjenigen für den Digitalteil bei Mängeln nach § 327m II 1 BGB zumindest dem Wortlaut des Gesetzes nach keine Rücksicht zu nehmen braucht. Beim Grundstücksrecht entsteht insoweit ein nach § 327s I BGB unabdingbares gesondertes Rücktrittsrecht mit den Folgen der §§ 346 ff. BGB. Da ist es nur ein schwacher Trost, dass bei einer sonstigen Mangelhaftigkeit der Immobilie wegen Fehlens oder Mangelhaftigkeit des digitalen Produkts § 327s BGB keine Anwendung findet und der Käufer – überwiegend wenig aussichtsreich – auf die AGB-Kontrolle verwiesen ist.

4. Wirksamkeitsrisiken bei getrennten Verträgen

Auch jenseits der Umgehungsschwelle des § 327s III BGB erstreckt sich das soeben beschriebene Risiko für die Wirksamkeit auch hinsichtlich des Kaufteils, bei Vertragsbeendigung des Digitalteils auch auf Fälle getrennter Verträge. Nach herrschender Auffassung finden die §§ 327a II, 327c VII, 327m V BGB nämlich auch bei nach Digitalteil und Rest getrennten Verträgen Anwendung. Dies hat zur Folge, dass die Vertragsbeendigung des Digitalvertrags je nach Entscheidung des Käufers auch einen Rücktritt vom gesonderten Grundstückkaufvertrag nach sich ziehen kann. Relevant ist das insbesondere bei Vertragsgestaltungen, mit denen der Verkäufer den Versuch unternimmt, den Digitalteil des Vertrages einem anderen Leistungserbringer aufzuerlegen, weshalb die Umgehungsüberlegung zu § 327s III BGB nicht von vornherein unplausibel erscheint.

Bislang finden sich demgegenüber keine Überlegungen zu einer materiellen Beschränkung des § 327a II BGB. Einziger materieller Schutz des Verkäufers ist daher das Erfordernis fehlender Eignung der Sache zur gewöhnlichen Verwendung. Das zeigt aber auch gerade die Ratio der Regelung:

---

41 *Artz*, Neues Kaufrecht (Fn. 26), Rn. 321.

Genau in diesen Fällen soll die Dispositionsbefugnis des Unternehmers gerade eingeschränkt werden. Ob diese Verknüpfung gestaltbar ist, erscheint dementsprechend zweifelhaft: Grundsätzlich findet ohnehin § 327s I BGB nach seinem unbeschränkten Wortlaut sowie dem Wortlaut von § 327h BGB auf §§ 327a II, 327c VII, 327m V BGB Anwendung. Von dieser Warte aus wäre hier mittelbar zwingendes Grundstückskaufrecht geschaffen worden. Immerhin erscheint es jedoch nicht unvorstellbar stattdessen § 327h BGB auch hier anzuwenden, da zugleich die Disposition über eine objektive Anforderung im Vertrag über die Sache in Rede steht.

5. Unabdingbarer Regress

Nur kurz kann hier schließlich auf die Tücken des nach § 327u IV BGB vollständig unabdingbaren und auch nicht pauschalierbaren Regresses nach §§ 327t f. BGB eingegangen werden, die hier – mangels Beschränkung auf Neubauten – auch professionelle Voreigentümer des Verkäufers treffen können. Immerhin ersetzt die Regelung lediglich Nacherfüllungsaufwendungen, die aber gerade auch Updatekosten betreffen. Geschuldet ist sowohl ein Aufwendungsersatz für Mängelbeseitigung als auch für Prävention einschließlich Sicherheitsupdates, § 327u I 2 BGB. Zu den offenen Fragen von § 327u IV BGB gehört die Frage, ob die Unabdingbarkeit des Rückgriffs – wie bei § 478 BGB – durch Leistungsvereinbarungen unterlaufen werden kann oder ob umgekehrt die unabdingbare Mangelhaftigkeit sogar über die Aufwendungsersatzrechtsfolge des § 327u I BGB hinaus greift.[42]

Der Anwendungsbereich der Regressregelung erfasst Verträge zwischen Unternehmern, die der Bereitstellung digitaler Produkte dienen (§ 327t BGB) und zwar in der gesamten Kette (§ 327u VI BGB) sowie einschließlich der Fälle des § 327a II BGB. Neben einer Käuferkette hinsichtlich der Immobilie wird davon auch etwa der Subunternehmer des Bauträgers hinsichtlich der Bereitstellung der enthaltenen oder verbundenen digitalen Inhalte erfasst.

---

42 Vorsichtig in diese Richtung *M. Schmidt-Kessel*, Digitale Produktsicherheit im neuen Vertragsrecht, ZfPC 2022, 117 (125 f).

VII. Zusammenfassung und Ausblick

1. Das Digitalvertragsrecht der Richtlinie 2019/770 und deren Umsetzung in §§ 327 ff. BGB gilt auch für die Mischsituationen Paketverträge und Verträge über Sachen mit enthaltenen oder verbundenen digitalen Produkten.
2. Als Folge kommt es auch bei Grundstückskäufen von professionell an privat zu Mischsituationen nach § 327a I/II BGB. Dies ist aufgrund der §§ 327h, 327s BGB innerhalb desselben Vertrags gestalterisch weitgehend unvermeidbar.
3. Auch der Grundstückskauf wird dadurch in Teilen zum Dauerschuldverhältnis. Das gilt insbesondere für die nur schwer abdingbare Dauerverantwortung des Grundstücksverkäufers für die Qualität der digitalen Produkte.
4. Erhebliche Folgefragen ergeben sich für diese gemischten Verträge etwa im Hinblick auf die Reichweite von § 311b I BGB, die Konsequenzen einer lang laufenden Updatepflicht, das Durchschlagen von Rechtsbehelfen, insbesondere der Vertragsbeendigung auf den Vertragsteil Grundstückskauf (einschließlich möglicher Durchgriffe aus parallelen Verträgen über die digitalen Produkte) und in einem unabdingbaren aber auf der Rechtsbehelfsseite auf Aufwendungsersatz beschränkten Regress.

Das reformierte Kaufrecht in der notariellen Gestaltungspraxis

Sebastian Herrler

Abstract: Am 1.1.2022 sind auch für die notarielle Gestaltungspraxis wesentliche Neuerungen des allgemeinen und besonderen Schuldrechts in Kraft getreten. Während die praktischen Auswirkungen rund um den neugefassten Sachmangelbegriff in § 434 BGB von überschaubarer Bedeutung sind, hat die Einführung des Instituts der negativen Beschaffenheitsvereinbarung in § 327 Buchst. h, § 476 Abs. 1 S. 2 BGB erhebliche Auswirkungen für die Vertragsgestaltung, zum einen bei Mangelsymptomen mitverkaufter beweglicher Sachen (insbesondere Zubehör), zum anderen bei digitalen Produkten, deren Bedeutung gerade im Bereich des Neubaus immer mehr zunimmt. Insoweit kann den Unternehmer auch viele Jahre nach Gefahrübergang eine Aktualisierungspflicht treffen, sofern keine Vereinbarungen über den Aktualisierungszeitraum getroffen werden.

Autor: *Sebastian Herrler*, seit 2014 Notar in München; Geschäftsführer des Deutschen Notarinstituts (DNotI), Würzburg; Redaktor diverser Bände des Staudinger BGB-Kommentars (BGB AT, Besonderes Schuldrecht, Sachenrecht); (Mit-)Herausgeber mehrerer Fachbücher, sowie Autor in mehreren Kommentaren des Zivilrechts

I. Einführung

Die Neuregelungen des allgemeinen und besonderen Schuldrechts[1] in Umsetzung der Warenkaufrichtlinie vom 20.5.2019 (WKRL)[2] und der Richtlinie über digitale Inhalte vom 20.5.2019 (DIDRL)[3] wurden von der notariellen Gestaltungspraxis auch gut zwei Jahre nach ihrem Inkrafttreten am 1.1.2022 lediglich zurückhaltend zur Kenntnis genommen, obwohl es sich hierbei um die weitgehendsten Eingriffe seit der „großen" Schuldrechts-

---

1 Gesetz zur Regelung des Verkaufs von Sachen mit digitalen Elementen und anderer Aspekte des Kaufvertrags v. 25.6.2021, BGBl. 2021 I, 2133, sowie Gesetz zur Umsetzung der Richtlinie über bestimmte vertragsrechtliche Aspekte der Bereitstellung digitaler Inhalte und digitaler Dienstleistungen v. 25.6.2021, BGBl. 2021 I, 2123.
2 RL (EU) 2019/771 des Europäischen Parlaments u. des Rates v. 20.5.2019 über bestimmte vertragsrechtliche Aspekte des Warenkaufs, zur Änderung der VO (EU) 2017/2394 und der RL 2009/22/EG sowie zur Aufhebung der RL 1999/44/EG.
3 RL (EU) 2019/770 des Europäischen Parlaments u. des Rates v. 20.5.2019 über bestimmte vertragsrechtliche Aspekte der Bereitstellung digitaler Inhalte und digitaler Dienstleistungen.

reform in Umsetzung der Verbrauchsgüterkaufrichtlinie vom 25.5.1999[4] handelte. So hat beispielsweise die Neuregelung des Sachmangelbegriffs in § 434 BGB noch nicht in allen Kaufvertragsformularen Niederschlag gefunden.[5] Dies dürfte darauf zurückzuführen sein, dass die Änderungen im allgemeinen Kaufrecht im Wesentlichen redaktioneller Natur sind, während die Sondervorschriften zum Verbrauchsgüterkauf (§§ 474 ff. BGB), die erhebliche Eingriffe erfahren haben, nicht im Zentrum der notariellen Tätigkeit stehen. Gleiches gilt bislang für den neu geschaffenen Abschnitt zu Verträgen über digitale Produkte (§§ 327 ff. BGB). Die Bedeutung der letztgenannten Vorschriften dürfte aber mit der fortschreitenden Digitalisierung, die auch vor der Immobilie nicht Halt macht („Smart Home"), in Zukunft immer mehr zunehmen. Im Folgenden sollen exemplarisch

- einige noch nicht abschließend geklärte Fragen rund um den neuen Sachmangelbegriff (Abschnitt II),
- das auch nach der Reform fortbestehende Spannungsfeld von Werbeaussagen im Vorfeld eines Immobilienkaufvertrages und dem Formgebot nach § 311 Buchst. b Abs. 1 BGB (Abschnitt III),
- das neu geschaffene Institut der sogenannten „negativen Beschaffenheitsvereinbarung", welches beim Verbrauchsgüterkauf und generell bei Verträgen über digitale Produkte Bedeutung erlangt (Abschnitt IV)
- sowie die erstmals positivrechtlich niedergelegten Aktualisierungspflichten für Waren mit digitalen Elementen bzw. digitale Produkte (Abschnitt V) näher beleuchtet werden.

II. Offene Fragen rund um den neuen Sachmangelbegriff in § 434 BGB

Die Struktur des Sachmangelbegriffs in § 434 BGB wurde im Rahmen der Schuldrechtsreform 2.0 neu konzipiert.[6] In Abs. 1 findet sich die übergreifende Aussage, wonach die Sache frei von Sachmängeln ist, wenn sie bei Gefahrübergang den subjektiven Anforderungen, den objektiven Anforderungen und den Montageanforderungen im Sinne von § 434 BGB entspricht. Während die subjektiven Anforderungen an die Kaufsache in

---

4 RL 1999/44/EG des Europäischen Parlaments u. des Rates v. 25.5.1999 zu bestimmten Aspekten des Verbrauchsgüterkaufs und der Garantien für Verbrauchsgüter.
5 Nicht selten wird nach wie vor auf Beschaffenheitsvereinbarungen gem. § 434 Abs. 1 S. 1 BGB verwiesen – jetzt § 434 Abs. 2 S. 1 Nr. 1, Nr. 3 und S. 2 BGB.
6 Vgl. S. Herrler, Schuldrechtsreform 2.0, DNotZ 2022, 491 (491 ff.).

§ 434 Abs. 2 BGB niedergelegt sind und systematisch nunmehr auch deren Eignung für die nach dem Vertrag vorausgesetzte Verwendung (Nr. 2) umfassen, statuiert § 434 Abs. 3 BGB die objektiven Anforderungen an die Kaufsache, die nur in Ermangelung einer abweichenden Parteiabrede zur Anwendung gelangen. Die darin zum Ausdruck kommende Subsidiarität der objektiven Anforderungen wird im Bereich des „digitalen" Verbrauchervertrags bzw. des Verbrauchsgüterkaufs freilich insofern relativiert, als abweichende Vereinbarungen nur unter den strengen, erstmals positivrechtlich normierten Voraussetzungen der §§ 327 Buchst. h und 476 Abs. 1 S. 2 BGB zulässig sind (vgl. hierzu näher Abschnitte IV und V).

1. „Vereinbarte Beschaffenheit" i.S.v. § 434 Abs. 2 S. 1 Nr. 1 BGB

a) Mögliche Gegenstände einer Beschaffenheitsvereinbarung

Vorrangig bestimmt sich die Sollbeschaffenheit der Kaufsache nach wie vor nach der „vereinbarten Beschaffenheit". Gegenüber dem bisherigen Wortlaut von § 434 BGB ist – in Umsetzung der WKRL – lediglich klargestellt, dass sich die vereinbarte Beschaffenheit auf etwaiges Zubehör und etwaige Anleitungen einschließlich Montage- und Installationsanleitungen erstreckt (Abs. 2 S. 1 Nr. 3) und zur Beschaffenheit insbesondere Art, Menge, Qualität, Funktionalität, Kompatibilität und Interoperabilität gehören (Abs. 2 S. 2). Aber auch sonstige „Merkmale" der Kaufsache können Gegenstand einer Beschaffenheitsvereinbarung sein. Der Wortlaut von § 434 Abs. 2 S. 2 BGB a.E. deutet darauf hin, dass nicht nur der Kaufsache unmittelbar physisch anhaftende Eigenschaften sowie alle Beziehungen der Kaufsache zur Umwelt, die nach der Verkehrsauffassung Einfluss auf deren Wertschätzung haben, zur Beschaffenheit der Kaufsache gehören,[7] sondern dass sich jeglicher tatsächliche Bezug der Kaufsache zur Umwelt (z.B. Ertragskennzahlen bei einem Grundstücks- oder Unternehmenskauf) als Gegenstand einer Beschaffenheitsvereinbarung eignet,[8] zumal ein wesentlicher Grund für das vormals restriktive Verständnis der Rechtsprechung, nämlich die verschul-

---

[7] So BGH NJW 2021, 3397 Tz. 22.
[8] So *J. Lüttringhaus*, Kaufrechtliche Gewährleistungsansprüche bei »ethischen« Produkten und öffentlichen Aussagen zur Corporate Social Responsibility, AcP 219, 29 (29 ff.); *P. Redeker*, Die Verkäuferhaftung beim Unternehmens- und Grundstückskauf, NJW 2012, 2471 (2474).

densunabhängige Haftung des Verkäufers bei Fehlen einer „zugesicherten Eigenschaft" im Sinne von § 459 Abs. 2 BGB a.F., bereits mit Inkrafttreten der Schuldrechtsreform Anfang 2002 entfallen war. Eine gänzliche Beliebigkeit des Beschaffenheitsbegriffs geht damit indes nicht einher, wie sich auch systematisch aus § 443 Abs. 1 BGB ergibt, der zwischen der geschuldeten Beschaffenheit und anderen als die Mängelfreiheit betreffenden Anforderungen an die Kaufsache differenziert, welche jeweils Gegenstand einer Garantie sein können.[9]

b) Anforderungen an Beschaffenheitsvereinbarung

Unabhängig von der vorstehend erörterten Frage, was Gegenstand einer Beschaffenheitsvereinbarung sein kann, stellt der BGH in ständiger Rechtsprechung hohe Anforderungen an deren Vorliegen. Danach setzt eine Beschaffenheitsvereinbarung voraus, dass der Verkäufer „in vertragsgemäß bindender Weise die Gewähr für das Vorhandensein einer Eigenschaft der Kaufsache [übernehme] [...] und damit [...] [die] Bereitschaft zu erkennen [gebe] [...], für alle Folgen des Fehlens dieser Eigenschaft einzustehen".[10] In der Literatur wird dieses auf § 459 Abs. 2 BGB a.F. („zugesicherte Eigenschaft") zurückgehende, restriktive Verständnis zu Recht abgelehnt, zumal es mit der Vorgabe von Art. 6 Buchst. a WKRL („sich aus dem Kaufvertrag ergebende Anforderungen") nicht vereinbar ist.[11] Zwar erfasst die Pflicht zur richtlinienkonformen Auslegung nicht sämtliche Kaufverträge, insbesondere keine Kaufverträge über Immobilien, doch widerspräche eine gespaltene Auslegung des Beschaffenheitsbegriffs in § 434 Abs. 2 BGB dem Regelungsansatz des nationalen Gesetzgebers. In richtlinienkonformer Auslegung ist eine Beschaffenheitsvereinbarung im Sinne von § 434 Abs. 2 BGB (bereits) zu bejahen, wenn die Parteien diese zum Vertragsinhalt gemacht, also die Beschaffenheit der Sache verbindlich beschrieben haben.[12]

---

9 Vgl. BGH GRUR 2022, 500 Tz. 35 ff. (Käuferzufriedenheit keine Beschaffenheit der Kaufsache).
10 Vgl. BGH NJW 2019, 1937 Rn. 22.
11 *F. Wilke*, Besonderheiten der Beschaffenheitsvereinbarung im Kaufgewährleistungsrecht, NJW 2023, 633 (636 f.); *A. Kirchhefer-Lauber/C. Rüsing*, Ausgewählte Auslegungsfragen nach Umsetzung der Warenkaufrichtlinie, JuS 2023, 12 (13).
12 *W. Weidenkaff* in: C. Grüneberg, BGB, 83. Aufl., München 2023, § 434 Rn. 13.

c) Relevanz einer Beschaffenheitsvereinbarung

Bedeutung erlangt die Bejahung einer Beschaffenheitsvereinbarung insbesondere in zwei Konstellationen: Zum einen indiziert das Fehlen einer vereinbarten Beschaffenheit die **Erheblichkeit der Pflichtverletzung** im Sinne von § 281 Abs. 1 S. 3 bzw. § 323 Abs. 5 S. 2 BGB.[13] Zum anderen hat eine Beschaffenheitsvereinbarung nach ständiger Rechtsprechung des V. Zivilsenats des BGH, die freilich noch zu § 434 Abs. 1 S. 1 BGB a.F. ergangen ist, **Vorrang vor einem** (beim Kaufvertrag über gebrauchte Immobilien üblichen) **allgemeinen Haftungsausschluss**, d.h. der Verkäufer muss für das Fehlen der vereinbarten Beschaffenheit auch dann einstehen, wenn die Sachmängelgewährleistung – wie üblich – ausgeschlossen ist. Der BGH begründet diesen Vorrang der Beschaffenheitsvereinbarung mit einer interessengerechten Vertragsauslegung, da dieser andernfalls (außer im Fall der Arglist, § 444 Var. 1 BGB) keine Bedeutung zukäme. Demgegenüber muss der Verkäufer für eine Abweichung der Kaufsache von der nach den übrigen Regelungen in § 434 BGB a.F. ermittelten Soll-Beschaffenheit im Fall eines allgemeinen Haftungsausschlusses (außer im Fall der Arglist) nicht einstehen.[14]

Angesichts der geänderten Konzeption von § 434 BGB gehen manche Literaturstimmen davon aus, dass nunmehr sämtliche subjektiven Anforderungen an die Kaufsache gem. § 434 Abs. 2 BGB Vorrang vor einem allgemeinen Haftungsausschluss haben und die Erheblichkeit der Pflichtverletzung indizieren, da eine abweichende Behandlung zweier in Art. 6 WKRL gleichrangig nebeneinander stehender Kriterien für die Vertragsmäßigkeit der Kaufsache nicht zu rechtfertigen sei.[15] Mit Blick darauf, dass der BGH den Vorrang einer Beschaffenheitsvereinbarung vor einem allgemeinen Haftungsausschluss mit einer interessengerechten Vertragsauslegung begründet, greift der Verweis auf Wortlaut und Systematik von Art. 6 WKRL zu kurz. Denn in der Sache geht es um die Auflösung widerstreitender Regelungen der Vertragsparteien in ein und demselben Vertrag: Einerseits verspricht der Verkäufer eine bestimmte Beschaffenheit der Kaufsache, andererseits schließt er die Sachmängelgewährleistung pauschal aus. Der allgemeine Haftungsausschluss muss nur deshalb zurücktre-

---

13 BGH NJW 2020, 1287 Tz. 54 zu § 434 Abs. 1 S. 1 BGB a.F.
14 Vgl. BGH NJW 2017, 150 m. Anm. *S. Herrler*; NJW 2007, 1346 Tz. 30 f. m. Anm. *M. Gutzeit*.
15 In diesem Sinne *Wilke*, Beschaffenheitsvereinbarung (Fn. 11), S. 637 f.

ten, weil eine Beschaffenheitsvereinbarung nach der bisherigen ständigen Rechtsprechung des BGH lediglich unter qualifizierten Voraussetzungen angenommen wird. Senkt man aber in richtlinienkonformer Auslegung die Anforderungen an eine Beschaffenheitsvereinbarung im Sinne von § 434 Abs. 2 BGB ab und lässt jegliche vertragliche Abrede der Parteien genügen, entfällt zugleich die Grundlage für den Regelvorrang einer derartigen Beschaffenheitsvereinbarung vor einem in derselben Urkunde vereinbarten allgemeinen Haftungsausschluss. Dies gilt erst recht für die Eignung der Kaufsache für die nach dem Vertrag vorausgesetzte Verwendung.[16]

Sollte die Rechtsprechung künftig geringere Anforderungen an eine Beschaffenheitsvereinbarung im Sinne von § 434 Abs. 2 BGB stellen, haben Beschaffenheitsvereinbarungen nicht mehr generell Vorrang vor einem allgemeinen Haftungsausschluss. Sofern die für § 434 Abs. 1 S. 2 BGB a.F. anerkannten strengen Voraussetzungen einer Beschaffenheitsvereinbarung erfüllt sind, setzt sich diese gegenüber einem allgemeinen Haftungsausschluss durch. Sonstige, hinter diesen Anforderungen zurückbleibende Beschaffenheitsvereinbarungen im Sinne von § 434 Abs. 2 BGB, also „bloße" vertragliche Beschreibungen der Beschaffenheit ohne entsprechende Übernahme einer Gewähr und Einstandspflicht, sind nicht generell vorrangig; umgekehrt erscheint es nicht gerechtfertigt, insoweit von einem generellen Vorrang eines allgemeinen Haftungsausschlusses auszugehen. Vielmehr dürfte das Spannungsverhältnis zwischen den beiden Regelungen – insoweit in Abweichung von der bisherigen höchstrichterlichen Rechtsprechung – unter Berücksichtigung der Einzelfallumstände aufzulösen sein. Im Übrigen, d.h. bei sonstigen Bestimmungen der Soll-Beschaffenheit im Sinne von § 434 Abs. 2 und Abs. 3 BGB (auch in Gestalt einer Beschaffenheitsvereinbarung mit nicht nur unerheblich abgesenkten Anforderungen) hat der allgemeine Haftungsausschluss grundsätzlich Vorrang. Ebenso wenig dürfte unter diesen Voraussetzungen ohne weiteres von einer Erheblichkeit der Pflichtverletzung auszugehen sein.

---

16 Zustimmend *L. Maibaum,* Mitveräußerung beweglicher Gegenstände und digitaler Produkte im Rahmen von Grundstückskaufverträgen unter besonderer Berücksichtigung des neuen Sachmängelrechts, RNotZ 2023, 193 (201).

2. „Nach dem Vertrag vorausgesetzte Verwendung" i.S.v. § 434 Abs. 2 S. 1 Nr. 2 BGB

a) Anforderungen: Vertragliche Vereinbarung oder übereinstimmend unterstellte Zwecksetzung

Wie bereits erwähnt, findet sich das bislang in § 434 Abs. 1 S. 2 Nr. 1 BGB a.F. verortete Kriterium der „nach dem Vertrag vorausgesetzten Verwendung" nunmehr in den subjektiven Anforderungen an die Kaufsache gemäß § 434 Abs. 2 S. 1 Nr. 2 BGB. Die neue systematische Verortung verleiht denjenigen Stimmen Auftrieb, die es schon bislang entgegen dem BGH[17] nicht für ausreichend erachteten, dass die Parteien eine bestimmte (von der üblichen Verwendung abweichende) Verwendungsart übereinstimmend unterstellt haben, sondern eine vertragliche Vereinbarung forderten.[18] Hierfür wird ferner Art. 6 Buchst. b WKRL ins Feld geführt, demzufolge es nicht genügt, dass der Verbraucher einen bestimmten Zweck anstrebt und diesen dem Verkäufer zur Kenntnis gebracht hat. Vielmehr muss letzterer dem angestrebten Zweck zustimmen.[19] Zwar sieht § 434 Abs. 2 S. 1 Nr. 2 BGB kein Erfordernis der Zustimmung des Verkäufers vor, doch sind in richtlinienkonformer Auslegung einseitige Vorstellungen des Käufers richtigerweise ohne Relevanz. Zudem gehen die Anforderungen an die „nach dem Vertrag vorausgesetzte Verwendung" über diejenigen der Geschäftsgrundlage des Vertrags im Sinne von § 313 BGB insoweit hinaus, als Umstände, die der anderen Seite mitgeteilt wurden, denen sie aber nicht zugestimmt hat, sondern nur nach Treu und Glauben hätte zustimmen müssen, für die Zwecke des § 434 Abs. 2 S. 1 Nr. 2 BGB nicht ausreichend sind.[20]

---

17 Vgl. BGH NJW 2017, 2817 Tz. 17.
18 So *C.-W. Canaris*, Die Neuregelung des Leistungsstörungs- und des Kaufrechts – Grundstrukturen und Problemschwerpunkte, in: E. Lorenz (Hrsg.), Karlsruher Forum 2002, Karlsruhe 2003, S. 5 (58); *H. Grigoleit/C. Herresthal*, Die Beschaffungsvereinbarung und ihre Typisierungen in § 434 Abs. 1 BGB, JZ 2003, 233 (239); zur Rechtslage nach Inkrafttreten von § 434 BGB n.F.: *F. Faust* in: BeckOK BGB, Stand 1.11.2023, § 434 Rn. 54; *S. Lorenz*, Die Umsetzung der EU-Warenkaufrichtlinie in deutsches Recht, NJW 2021, 2065 Rn. 7; *J. Lüdicke*, Die Auswirkungen der Warenkauf-RL auf den Rücktritt vom Pferdekaufvertrag, NJW 2022, 3606 Rn. 7.
19 *S. Martens*, Schuldrechtsdigitalisierung, München 2022, Rn. 72; *F. Wilke*, Das neue Kaufrecht nach Umsetzung der Warenkauf-Richtlinie, VuR 2021, 283 (283).
20 Vgl. *T. Pfeiffer*, Neues Kaufrecht – Die Umsetzung der Warenkaufrichtlinie in Deutschland, GPR 2022, 223 (226) m.w.N.

Die praktischen Auswirkungen des vorstehend beschriebenen Meinungsstreits (vertragliche Vereinbarung vs. übereinstimmend unterstellte Zwecksetzung) dürften im Ergebnis gering sein. Nach allgemeinen Auslegungsregeln sind für die Annahme einer vertraglichen Vereinbarung keine ausdrücklichen oder im Wortlaut des Vertrags angedeuteten Abreden geboten. In einer übereinstimmend unterstellten Zwecksetzung wird man nicht selten zugleich eine dahingehende stillschweigende Vereinbarung sehen können.[21] Wenn man bereits den widerspruchslosen Abschluss des Kaufvertrags in Kenntnis des vom Käufer angestrebten Zwecks für eine konkludente Vereinbarung genügen lässt,[22] wird die Vereinbarung im Sinne von § 434 Abs. 2 S. 1 Nr. 2 BGB gar mit der Geschäftsgrundlage gleichgesetzt, die in der Hierarchie nach der Beschaffenheitsvereinbarung und nach der nach dem Vertrag vorausgesetzten Zwecksetzung steht.

Meines Erachtens erscheint es ungeachtet der fließenden Übergänge sachgerecht, an eine Beschaffenheitsvereinbarung höhere Anforderungen zu stellen als an die nach dem Vertrag vorausgesetzte Verwendung der Kaufsache, da der Verkäufer durch eine Beschaffenheitsvereinbarung zum Ausdruck bringt, (final) die Lieferung einer Sache von bestimmter Art und Güte zu schulden – woran sich (jedenfalls nach bisheriger BGH-Rechtsprechung) strengere Folgen im Fall der Nicht- oder Schlechterfüllung dieser Pflicht knüpfen –, während die nach dem Vertrag vorausgesetzte Verwendung der primären vertraglichen Vereinbarung lediglich zugrunde gelegt wird und daher in ihren Rechtsfolgen in einzelnen Belangen hinter der Beschaffenheitsvereinbarung zurückbleibt bzw. zurückbleiben kann. Sofern man mit der im Vordringen befindlichen Ansicht die bisher strengen Anforderungen an eine Beschaffenheitsvereinbarung hin zu einer bloßen (auch konkludenten) vertraglichen Abrede der Parteien absenkt (vgl. Abschnitt II. 1. Buchst. b), ist es nur konsequent, dass an § 434 Abs. 2 S. 1 Nr. 2 BGB im Einklang mit der bisherigen BGH-Rechtsprechung geringere Anforderungen gestellt werden.

---

21 Ähnlich *Martens,* Schuldrechtsdigitalisierung (Fn. 19), Rn. 72, demzufolge jedes konkludente Verhalten des Verkäufers genügt, das bei verständiger Würdigung als Zustimmung aufgefasst werden kann.
22 So *Martens,* Schuldrechtsdigitalisierung (Fn. 19), Rn. 72.

b) Relevanz der Einordnung

Bedeutung erlangt der Meinungsstreit um die Anforderungen an die nach dem Vertrag vorausgesetzte Verwendung der Kaufsache im Zusammenhang mit dem Formerfordernis gem. § 311 Buchst. b Abs. 1 BGB, beim Verhältnis einer nach § 434 Abs. 2 S. 1 Nr. 2 BGB ermittelten Sollbeschaffenheit zu einem allgemeinen Haftungsausschluss und bei der Frage der Erheblichkeit bzw. Unerheblichkeit der Pflichtverletzung.

aa) Verhältnis zum allgemeinen Haftungsausschluss und (Un-)Erheblichkeit der Pflichtverletzung

Entgegen mancher Literaturstimmen[23] kann nicht allein aus der bloßen formalen Einordnung als Kriterium für die subjektiven Anforderungen geschlussfolgert werden, dass die von der Rechtsprechung bislang für Beschaffenheitsvereinbarungen geltenden Grundsätze (Vorrang vor einem allgemeinen Haftungsausschluss im Kaufvertrag über gebrauchte Immobilien; Indiz für die Erheblichkeit einer Pflichtverletzung im Sinne von § 281 Abs. 1 S. 3, § 323 Abs. 5 S. 2 BGB) ebenfalls für die nach dem Vertrag vorausgesetzte Verwendung der Kaufsache im Sinne von § 434 Abs. 2 S. 1 Nr. 2 BGB Anwendung finden (vgl. Abschnitt II. 1. Buchst. c). Bei interessengerechter Auslegung der vertraglichen Abreden lässt sich ein kategoriales Vorrangverhältnis nur begründen, wenn einer bestimmten vertraglichen Vereinbarung erkennbar ein besonderes Gewicht beigemessen wurde. Angesichts der geringen Anforderungen an die „nach dem Vertrag vorausgesetzte Verwendung" erscheint dies nicht gerechtfertigt. Ebenso wenig indiziert eine Abweichung von der nach dem Vertrag vorausgesetzten Verwendung stets die Erheblichkeit der Pflichtverletzung. Es ist nicht ersichtlich, weshalb dies mit den Vorgaben von Art. 6 WKRL unvereinbar sein sollte, da lediglich qualifizierten Parteiabreden eine besondere Bedeutung beigemessen wird und das Rechtsfolgenregime im Fall von Sachmängeln im Übrigen unberührt bleibt.

---

23 *Wilke,* Das neue Kaufrecht (Fn. 19), S. 637 f.

bb) Reichweite des Formgebots des § 311 Buchst. b Abs. 1 BGB

Mit Blick auf die systematische Gleichstellung einer Beschaffenheitsvereinbarung und der Bestimmung einer Verwendung, für die die Kaufsache geeignet sein muss, wurde in der Literatur zudem die schon vormals erhobene Forderung wieder aufgegriffen, dass auch die Bestimmung einer bestimmten Verwendungseignung dem Formzwang des § 311 Buchst. b Abs. 1 BGB unterliege, also in der notariellen Urkunde einen zumindest unvollkommenen Ausdruck gefunden haben muss.[24] Demgegenüber scheint der BGH davon auszugehen, dass eine nach § 434 Abs. 2 S. 1 Nr. 2 BGB ermittelte Sollbeschaffenheit nicht notwendig Erwähnung in der Vertragsurkunde gefunden haben muss.[25] Mit Blick auf den Normzweck des Formgebots in § 311 Buchst. b Abs. 1 BGB, der darauf abzielt, dem Verkäufer die Bedeutung der mit seinen rechtsgeschäftlichen Erklärungen einhergehenden Verpflichtungen vor Augen zu führen (vgl. § 17 Abs. 1 S. 1 BeurkG), ist die Erstreckung des Beurkundungserfordernisses auf sämtliche subjektiven Anforderungen an die Kaufsache und damit auf eine von der üblichen Verwendungseignung abweichende vertraglich vorausgesetzte Verwendungseignung nur konsequent. Immer dann, wenn für die Sollbeschaffenheit der Kaufsache andere als die gewöhnlichen bzw. üblichen Anforderungen gelten (vgl. § 434 Abs. 3 BGB), soll der Verkäufer darauf aufmerksam gemacht werden, was durch das einzuhaltende Beurkundungsverfahren gewährleistet wird. Regelmäßig wird sich in der notariellen Kaufvertragsurkunde daher entweder ein Hinweis auf die Bestimmung einer von der gewöhnlichen Verwendung abweichenden Eignung der Kaufsache finden oder darauf, dass gerade keine abweichende Verwendungseignung vereinbart wurde. Allein aus Umständen außerhalb der notariellen Urkunde kann sich eine Verwendungseignung im Sinne von § 434 Abs. 2 S. 1 Nr. 2 BGB richtigerweise nicht ergeben.

---

[24] So *Faust*, BeckOK BGB (Fn. 18), § 434 Rn. 54; *Lorenz,* Umsetzung (Fn. 18), S. 2065 Rn. 7; *Lüdicke,* Pferdekaufvertrag (Fn. 18), S. 3606 Rn. 7; *Wilke,* Beschaffenheitsvereinbarung (Fn. 11), S. 633 Rn. 20–22.
[25] BGH NJW 2019, 2380 Tz. 13; ebenso *Weidenkaff,* Grüneberg BGB (Fn. 12), § 434 Rn. 15.

III. Exkurs: Objektiver Fehlerbegriff und Werbeaussagen im Sinne von § 434 Abs. 3 S. 1 Nr. 2 Buchst. b BGB beim Immobilienkaufvertrag

Hieran anknüpfend ist der vom V. Zivilsenat in ständiger Rechtsprechung vertretenen Auffassung zu widersprechen, wonach die Sollbeschaffenheit durch öffentliche Äußerungen des Verkäufers außerhalb der notariellen Urkunde determiniert werden kann.[26] Zwar sind derartige Werbeaussagen gem. § 434 Abs. 3 S. 1 Nr. 2 Buchst. b BGB als objektive Anforderungen an die Kaufsache zu qualifizieren, welche konzeptionell keiner Erwähnung in der notariellen Urkunde bedürfen, sondern aus sich heraus Anwendung finden. Zu beachten ist indes, dass für gem. § 311 Buchst. b Abs. 1 BGB formbedürftige Verträge der Primat der notariellen Urkunde gilt, also vorvertragliche Abreden bzw. Erwartungshaltungen der Parteien ohne Bedeutung sind, sofern sie keinen Niederschlag in der Urkunde gefunden haben. Die Parteien sollen sich mit Blick auf die notarielle Belehrung nach Maßgabe von § 17 BeurkG darauf verlassen können, dass allein die in der Urkunde enthaltenen Vereinbarungen maßgeblich sind. Dieser Normzweck ist gleichermaßen für öffentliche Äußerungen des Verkäufers einschlägig. Wertungsmäßig macht es mit Blick auf dessen Schutzbedürftigkeit keinen Unterschied, ob er dem Kaufinteressenten im Vorfeld der Beurkundung eine E-Mail mit den maßgeblichen Eigenschaften des Kaufgegenstands schickt, welche in der Urkunde nicht wiederholt werden, oder ob diese Informationen in der Internetanzeige bzw. auf der Homepage des Maklers abrufbar sind. Richtigerweise ist § 434 Abs. 3 S. 1 Nr. 2 Buchst. b BGB in teleologischer Reduktion auf formbedürftige Verträge nicht anzuwenden, um Bestimmungen der Sollbeschaffenheit in Abweichung von der gewöhnlichen bzw. üblichen Beschaffenheit „durch die Hintertür" zu vermeiden.[27]

---

26 BGH NJW 2019, 2380 Tz. 12 ff.; NJW 2018, 1954 Tz. 21; NJW-RR 2018, 752 Tz. 10; NJW 2017, 150 Tz. 18; BGHZ 207, 349 = NJW 2016, 1815 Tz. 15.
27 *Faust*, BeckOK BGB (Fn. 18), § 434 Rn. 105; *Grigoleit/Herresthal*, Beschaffungsvereinbarung (Fn. 18), S. 239; *S. Herrler*, Haftung für vorvertragliche Eigenschaftsangaben beim Immobilienkaufvertrag, NotBZ 2017, 121 (128); *S. Herrler*, Anmerkung zu BGH, Urt. v. 22.4.2016 – V ZR 23/15 – Haftung für unrichtige Angaben im Exposé beim Immobilienkaufvertrag, NJW 2017, 152; *J. Weber*, Zwischen Form und Haftung: Beschaffenheitsangaben des Verkäufers im Vorfeld von Grundstückskaufverträgen, RNotZ 2016, 650 (654).

IV. Negative Beschaffenheitsvereinbarungen beim Verbrauchsgüterkauf

Wesentliche Veränderungen brachte das Umsetzungsgesetz der WKRL für den Verbrauchsgüterkauf. Neben der Präzisierung des Anwendungsbereichs (nunmehr „Ware" im Sinne von § 241 Abs. 1 S. 1 BGB anstelle von „beweglicher Sache") besteht die zentrale Neuerung darin, dass § 442 BGB in § 475 Abs. 3 S. 2 BGB ausdrücklich für unanwendbar erklärt wird und demzufolge die bloße Kenntnis des Käufers von einem Sachmangel nicht zum Ausschluss der Gewährleistungsrechte führt. Da Haftungsbeschränkungen gem. § 476 Abs. 1 S. 1 BGB im Anwendungsbereich des Verbrauchsgüterkaufs weiterhin unzulässig sind und das Umgehungsverbot in § 476 Abs. 4 BGB aufrechterhalten wurde, setzt eine Enthaftung des Verkäufers für objektiv bestehende Mangelsymptome eine sogenannte negative Beschaffenheitsvereinbarung voraus, deren Anforderungen in § 476 Abs. 1 S. 2 BGB (erstmals) näher geregelt sind. Im Unterschied zur bloßen Offenlegung eines Mangelsymptoms handelt es sich bei einer (negativen) Beschaffenheitsvereinbarung auf Primärebene um eine die Sollbeschaffenheit des Kaufgegenstands näher konkretisierende Parteiabrede. Eine derartige negative Beschaffenheitsvereinbarung ist stets erforderlich, wenn von den nach § 434 Abs. 3 BGB zu bestimmenden objektiven Anforderungen an die Kaufsache, die auch aus öffentlichen Äußerungen des Verkäufers abgeleitet werden können (vgl. § 434 Abs. 3 S. 1 Nr. 2 Buchst. b BGB),[28] abgewichen werden soll. Die nachfolgend darzustellenden Anforderungen an negative Beschaffenheitsvereinbarungen gelten *mutatis mutandis* ebenso für eine Verkürzung der gesetzlichen Verjährungsfrist (vgl. § 476 Abs. 2 S. 2 BGB).[29]

1. Immobilienkauf vom Anwendungsbereich erfasst

Da die Sondervorschriften der §§ 474 ff. BGB systematisch nur für Waren, also bewegliche Sachen im Sinne von § 241 Abs. 1 BGB Geltung beanspruchen, kommt ihre Anwendung im Zusammenhang mit Immobilienkaufverträgen nur für mitverkaufte bewegliche Sachen in Betracht, bei denen es sich vielfach um Zubehör im Sinne von § 97 BGB handeln wird. Einige Stimmen in der (Notar-)Literatur lehnen dies unter Verweis darauf ab, dass

---

[28] Vgl. *R. Rachlitz/L. Kochendörfer/J. Gansmeier*, Mangelbegriff und Beschaffenheitsvereinbarung, JZ 2022, 705 (710).
[29] Näher *Herrler*, Schuldrechtsreform (Fn. 6), S. 503 f.

es sich bei der Immobilie um den zentralen Vertragsgegenstand handele, während den mitverkauften beweglichen Sachen nach dem typisierten Parteiwillen im Regelfall nur untergeordnete Bedeutung zukomme, was sich im Hinblick auf Zubehör auch daran zeige, dass dieses gem. § 311 Buchst. c BGB und § 926 Abs. 1 BGB im Zweifel mitverkauft und mitveräußert wird. Angesichts der gesetzlichen Vorgaben für negative Beschaffenheitsvereinbarungen würde anderenfalls der gestalterische Schwerpunkt des Grundstückskaufvertrags – in Verkennung der wirtschaftlichen Realitäten – auf den Regelungen zu den mitverkauften beweglichen Sachen liegen.[30]

Ganz überwiegend wird eine teleologische Reduktion des Anwendungsbereichs der §§ 474 ff. BGB im Fall eines Grundstückskaufvertrags indes abgelehnt.[31] Neben möglichen Abgrenzungsschwierigkeiten bei der Bestimmung des Schwerpunkts des Vertrags, die bei erheblicher wirtschaftlicher Bedeutung der mitverkauften beweglichen Sachen auftreten können, dürfte eine teleologische Reduktion schon deshalb ausscheiden, weil es sich bei §§ 474 ff. BGB um Verbraucherschutzvorschriften handelt und der letztlich zur Entscheidung über den Anwendungsbereich berufene EuGH den Gedanken des Verbraucherschutzes als zentralen Auslegungsstoff ansieht.[32]

2. Abgrenzung einer (negativen) Beschaffenheitsvereinbarung von einer Haftungsbeschränkung

Durch die Vorgaben von § 476 Abs. 1 S. 2 BGB wird die in den Randbereichen nicht ganz trennscharfe Abgrenzung einer unzulässigen Haftungsbeschränkung von einer zulässigen (negativen) Vereinbarung der geschuldeten Beschaffenheit erleichtert. Während die Haftungsbeschränkung auf die Begrenzung bzw. den Ausschluss der Sachmängelgewährleistung abzielt und damit die Sekundärebene betrifft, konkretisiert eine Beschaffenheits-

---

30 So *L. Feller*, Sachmängel beim Kauf – Möglichkeiten und Grenzen vertraglicher Gestaltung, insbesondere beim Grundstückskauf, MittBayNot 2003, 81 (84 f.); *G. Basty*, Der Bauträgervertrag, 10. Aufl., Köln 2021, 13. Kap., Rn. 41 (ohne nähere Erörterung); DNotI-Report 2022, 33 (34).
31 Vgl. *S. Augenhofer* in: BeckOGK BGB, Stand: 1.4.2021, § 474 Rn. 47; *K. Erhardt*, Vermeidung und Umgehung im Verbrauchsgüterkaufrecht, München 2009, S. 121 f.; *Faust*, BeckOK BGB (Fn. 18), § 474 Rn. 14; *C. Lindner*, Haftungsregelungen im Grundstückskaufvertrag, RNotZ 2018, 69 (84); *S. Lorenz* in: MüKoBGB, 8. Aufl., München 2019, § 474 Rn. 6; *Maibaum*, Mitveräußerung (Fn. 16), S. 204.
32 Näher *Herrler*, Schuldrechtsreform (Fn. 6), S. 509 f.

vereinbarung die vom Verkäufer zu erfüllenden Leistungspflichten auf Primärebene. Durch die deskriptive Bestimmung der Sollbeschaffenheit der Kaufsache wird die Leistungspflicht des Verkäufers präzisiert – im Unterschied zu einer normativen Begrenzung der Gewährleistungsrechte des Käufers in Gestalt einer Haftungsbeschränkung. Bei der insoweit erforderlichen Abgrenzung ist stets die Formulierung im Einzelfall maßgebend. In einer Entscheidung vom 25.1.2019 hat der BGH die vertragliche Regelung „Die Zulässigkeit einer weiteren Bebauung oder bestimmten Verwendung gehört nicht zur vereinbarten Beschaffenheit des Grundbesitzes" als bloße Haftungsbeschränkung angesehen.[33] Eine geringfügig abweichende Formulierung („In dem im beigefügten Plan grün gekennzeichneten Bereich ist eine Bebauung baurechtlich nicht zulässig/nicht abschließend geklärt") wäre indes (wohl) als zulässige (negative) Beschaffenheitsvereinbarung zu qualifizieren gewesen.[34] In Anbetracht dessen, dass durch negative Beschaffenheitsvereinbarungen im Ergebnis dasselbe Regelungsziel wie durch einen Haftungsausschluss erreicht wird, ist davon auszugehen, dass die Rechtsprechung gerade in Konstellationen, in denen ein Haftungsausschluss bzw. eine Haftungsbeschränkung generell unzulässig ist (u.a. § 309 Nr. 7 bzw. Nr. 8, § 476 Abs. 1 S. 1, Abs. 4 BGB), hohe Anforderungen an eine negative Beschaffenheitsvereinbarung stellen wird.

3. Tatbestandsmerkmale von § 476 Abs. 1 S. 2 und § 327h BGB im Einzelnen

Die gesetzlichen Anforderungen an negative Beschaffenheitsvereinbarungen in § 476 Abs. 1 S. 2 weisen – wie heute bereits von *Simon Laimer* ausgeführt wurde – ein verfahrensrechtliches Element (§ 476 Abs. 1 S. 2 Nr. 1 BGB) und ein normatives Element auf (§ 476 Abs. 1 S. 2 Nr. 2 BGB). Die nachstehenden Ausführungen gelten entsprechend für die im Wesentlichen identische Vorschrift für Verbraucherverträge über digitale Produkte in § 327 Buchst. h BGB.

---

33 BGH DNotZ 2019, 852, Tz. 18.
34 *Herrler,* Schuldrechtsreform (Fn. 6), S. 509 f.

a) Information (§ 476 Abs. 1 S. 2 Nr. 1 BGB)

Zum einen hat der Unternehmer den Verbraucher vor der Abgabe seiner Vertragserklärung eigens davon in Kenntnis zu setzen, dass ein bestimmtes Merkmal der Kaufsache von den objektiven Anforderungen abweicht. Hierbei handelt es sich um keine rechtsgeschäftliche Erklärung, sondern um eine verfahrensrechtliche Voraussetzung für eine wirksame negative Beschaffenheitsvereinbarung. Ein etwa für das abzuschließende Rechtsgeschäft geltendes Formgebot findet insoweit keine Anwendung. Die Hinweise an den Verbraucher nach Maßgabe von § 476 Abs. 1 S. 2 Nr. 1 BGB sind im Fall von beurkundungsbedürftigen Rechtsgeschäften kein notwendiger Urkundsbestandteil, sondern können (nicht: müssen)[35] formlos erteilt werden. Jedenfalls eine Nachweisbarkeit in Textform, z.B. durch Aufnahme in ein Begleitschreiben, dürfte sich aber empfehlen. Mit Blick auf die beim Verbrauchervertrag zu wahrende 14-Tages-Frist (§ 17 Abs. 2 Buchst. a S. 2 Nr. 2 BeurkG) dürfte sich im Regelfall eine Aufnahme in die Urkunde anbieten.

aa) Abweichung von den objektiven Anforderungen

Zentraler Bestandteil der gebotenen Aufklärung des Verbrauchers ist die präzise Beschreibung des potentiellen Mangelsymptoms in Gestalt der Abweichung einer Eigenschaft der Kaufsache von den objektiven Anforderungen. Noch nicht abschließend geklärt ist, ob der Unternehmer lediglich die betreffende (negative) Eigenschaft der Kaufsache konkret zu benennen hat[36] oder ob er dem Verbraucher auch die andernfalls geltenden objektiven Anforderungen (als *tertium comparationis*) mitteilen muss.[37] Im letzteren Fall kann der Verbraucher unschwer erkennen, inwieweit die Kaufsache hinter dem andernfalls geltenden Standard zurückbleibt, und würde dadurch in die Lage versetzt, auf dieser Grundlage eine informierte Entscheidung für oder gegen den Vertragsabschluss zu treffen. Die schlichte Eigen-

---

35 Abweichend wohl *C. Salzig*, Auswirkungen des Gesetzes zur Regelung des Verkaufs von Sachen mit digitalen Elementen und anderer Aspekte des Kaufvertrages (BGBl 2021 I, 2133) auf die notarielle Gestaltungspraxis beim Immobilienkauf, notar 2021, 403 (408).
36 So *B. Grunewald* in: Erman BGB, 17. Aufl., Köln 2023, § 476 Rn. 6.
37 In diesem Sinne *A. Bernzen/L. Specht-Riemenschneider* in: Erman BGB, 17. Aufl., Köln 2023, § 327 Buchst. h Rn. 9.

schaftsangabe ohne Hinweis darauf, dass die Kaufsache hinter den Vorgaben von § 434 Abs. 3 bzw. § 475 Buchst. b Abs. 4 BGB zurückbleibt, mag der Verbraucher ggf. als bloße Produktbeschreibung verstehen, ohne dass er dafür sensibilisiert wird, dass der Verkehrsstandard insoweit unterschritten wird.[38] Neben dem Normzweck lässt sich hierfür der Wortlaut der Norm fruchtbar machen: Der Unternehmer hat dem Verbraucher nicht lediglich dasjenige Merkmal mitzuteilen, welches von den objektiven Anforderungen abweicht; vielmehr bedarf es der Mitteilung, dass ein bestimmtes Merkmal von den objektiven Anforderungen abweicht, was einen Vergleich zumindest nahelegt.

Teilweise wird danach differenziert, ob sich der Verbraucher bei typisierender Betrachtung intensiver oder weniger intensiv mit der Kaufsache und deren zu erwartenden Eigenschaften auseinandersetzt. Danach soll es einer präsenteren Darstellung der Abweichung im Rahmen alltäglicher und geringwertiger Transaktionen bedürfen, da insoweit typischerweise eine intensive Auseinandersetzung des Verbrauchers mit dem Produkt unterbleibt. Ist hingegen zu erwarten, dass sich der Verbraucher vertiefter mit der Kaufsache und deren Eigenschaften auseinandersetzt, sollen insoweit geringere Anforderungen gelten.[39]

Generell gegen das Erfordernis eines vergleichenden Hinweises mit konkreten Angaben zu den objektiven Anforderungen an die Kaufsache spricht freilich, dass diese in zahlreichen Fällen nicht durch das Gesetz, durch die Rechtsprechung oder durch feststehende Marktstandards determiniert sind und dem Verkäufer daher deren präzise Angabe nicht bzw. nicht mit hinreichender Gewissheit möglich ist. Dies gilt insbesondere für die zum 1.1.2022 eingeführte Aktualisierungsfrist bei digitalen Produkten bzw. Waren mit digitalen Elementen (vgl. § 327 Buchst. e Abs. 3 S. 1 Nr. 5 i.V.m. § 327 Buchst. f Abs. 1 S. 3 Nr. 2 bzw. § 475 Buchst. b Abs. 4 Nr. 2 BGB), die erst nach und nach durch die Rechtsprechung konturiert werden wird. Umgekehrt erscheint es mit Blick auf die bezweckte Sensibilisierung des Verbrauchers ausreichend, wenn diesem mitgeteilt wird, dass die Kaufsache in einem bestimmten Punkt möglicherweise von den objektiven Anforde-

---

[38] Für offenkundige Mängel gilt das freilich nicht (z.B. gesprungenes Ceranfeld des Herdes).

[39] *Rachlitz/Kochendörfer/Gansmeier,* Mangelbegriff (Fn. 28), S. 711: „Eindeutigkeitspostulat".

rungen abweicht.⁴⁰ Ein derartiger hinreichend klarer Hinweis bietet – unter Berücksichtigung des gebotenen Selbstschutzes und dem Aspekt der Rechtssicherheit – ausreichenden Anlass für Nachfragen, eigene Recherchen bzw. ein Abstandnehmen vom anvisierten Vertragsschluss. Auch mit Blick auf den Normzweck von § 476 Abs. 1 S. 2 Nr. 1 BGB bedarf es daher nach der hier vertretenen Auffassung im Regelfall keiner präzisen Angabe der objektiven Anforderungen an eine bestimmte Eigenschaft der Kaufsache.⁴¹ Dies gilt in besonderem Maße für Grundstückskaufverträge, da die von Gesetzes wegen einzuhaltende 14-tägige Regelfrist nach Entwurfsversand gerade zur Prüfung derartiger Fragen dient. Bei offenkundigen Mangelsymptomen (z.B. „gesprungenes Ceranfeld") bedarf es keines Hinweises, dass insoweit eine Abweichung von den objektiven Anforderungen („nicht gesprungenes Ceranfeld") vorliegt.

bb) eigens

Das Tatbestandsmerkmal „eigens", das gewisse Überschneidungen zu der nach § 476 Abs. 1 S. 2 Nr. 2 BGB geforderten gesonderten Vereinbarung aufweist, erfordert eine Information über eine bestimmte negative Eigenschaft der Kaufsache getrennt von den übrigen Produktinformationen.⁴² Auch hierdurch soll dem Verbraucher die Abweichung von den objektiven Anforderungen hinreichend deutlich vor Augen geführt werden, um ihm eine informierte Entscheidung über den Vertragsabschluss zu ermöglichen. Keinesfalls sollte die maßgebliche Information daher im Fließtext neben anderen Informationen enthalten sein. Sofern der Vertragsgegenstand in mehreren Punkten von den objektiven Anforderungen abweicht, bedarf es nicht zwingend eines gesonderten Hinweises pro Abweichung. Ausreichend

---

40 *H.-G. Schreier/A. Michels* Negative Beschaffenheitsvereinbarungen im digitalen Vertragsrecht und bei Waren mit digitalen Elementen. Zum praktischen Umgang mit Mängellisten, RDi 2022, 381 (383); *Faust*, BeckOK BGB (Fn. 18), § 476 Rn. 25; *W. Ball* in: jurisPK-BGB, Stand 1.2.2023, § 476 Rn. 33; *C. Heinze* in: J. von Staudingers Kommentar zum Bürgerlichen Gesetzbuch: Eckpfeiler des Zivilrechts, 8. Aufl., Berlin 2023, § 327 Buchst. h Rn. 13.
41 Anders ggf. bei allgemein anerkannten, unschwer zu ermittelnden objektiven Anforderungen an bestimmte Eigenschaften der Kaufsache, etwa durch gesetzliche Regelung.
42 A.A. *Rachlitz/Kochendörfer/Gansmeier*, Mangelbegriff (Fn. 28), S. 712 unter Verweis auf abweichende Begründung zu § 327 Buchst. h BGB.

ist grundsätzlich auch ein Sammelhinweis, sofern aus Sicht eines verständigen Empfängers hinreichend deutlich wird, dass und in welchen Punkten der Vertragsgegenstand von den objektiven Anforderungen abweicht.[43]

cc) Hinweis vor Abgabe der Vertragserklärung des Verbrauchers

Schließlich fordert § 476 Abs. 1 S. 2 Nr. 1 BGB, das der Verbraucher vor Abgabe seiner Vertragserklärung von dem (potentiellen) Mangelsymptom in Kenntnis gesetzt wird. Bei unbefangener Betrachtung handelt es sich bei dieser Anforderung um einen Allgemeinplatz, da die Beschaffenheit der Kaufsache nach allgemeinen Auslegungsgrundsätzen nur durch solche Informationen determiniert werden kann, welche den Parteien spätestens bei Vertragsschluss, also der Abgabe der maßgeblichen Willenserklärungen, bekannt waren bzw. hätten bekannt sein müssen. Mit Blick auf die in § 17 Abs. 2 Buchst. a S. 2 Nr. 2 BeurkG normierte Prüfungsfrist wurde in der notarrechtlichen Literatur diskutiert, ob auch ein kurz vor der oder in der Beurkundungsverhandlung erteilter Hinweis des Unternehmers die Anforderungen von § 476 Abs. 1 S. 2 Nr. 1 BGB erfüllen kann.[44] Angesichts dessen, dass die Richtlinienvorgabe keinen Hinweis vor Abgabe der Vertragserklärung vorsieht, sondern einen solchen „zum Zeitpunkt des Abschlusses des Kaufvertrags" genügen lässt (vgl. Art. 7 Abs. 5 WKRL), und auch nicht ersichtlich ist, dass der deutsche Gesetzgeber dem Verbraucher durch die abweichende Formulierung eine Mindestprüfungsfrist einräumen wollte, genügt materiellrechtlich ein Hinweis kurz vor Abgabe der rechtsgeschäftlichen Erklärungen des Verbrauchers. Mit Blick auf die verfahrensrechtlichen Anforderungen in § 17 Abs. 1 S. 2, Abs. 2 Buchst. a S. 1 BeurkG sollte der Notar freilich auf eine möglichst frühzeitige Informierung des Verbrauchers hinwirken und bei kurzfristiger Offenbarung wesentlicher Abweichungen von den objektiven Anforderungen eine Verschiebung der Beurkundung anbieten.

---

43 *Faust*, BeckOK BGB (Fn. 18), § 434 Rn. 22.
44 Vgl. *Herrler*, Schuldrechtsreform (Fn. 6), S. 514 ff.

b) Ausdrückliche und gesonderte Vereinbarung der Abweichung (Nr. 2)

Neben dem Hinweis nach Nr. 1 bedarf es in rechtsgeschäftlicher Hinsicht einer ausdrücklichen und gesonderten Vereinbarung der Abweichung. Sofern der Hinweis nach Maßgabe von § 476 Abs. 1 S. 2 Nr. 1 BGB durch Übersendung des Entwurfs des Kaufvertrags erteilt wurde, impliziert dies im absoluten Regelfall die Erfüllung der Anforderungen von § 476 Abs. 1 S. 2 Nr. 2 BGB. Denn die Tatbestandsmerkmale „eigens" und „gesondert" weisen im Wesentlichen einen identischen Bedeutungsgehalt auf. Die nach § 476 Abs. 1 S. 2 Nr. 1 BGB gebotene Konkretisierung des Mangelsymptoms setzt eine ausdrückliche Verlautbarung voraus. In Ergänzung zu den vorstehenden Ausführungen zu § 476 Abs. 1 S. 2 Nr. 1 BGB bedarf es im Hinblick auf die erforderliche rechtsgeschäftliche Vereinbarung einer von den übrigen Leistungsbeschreibungen getrennten Regelung über die Abweichung von den objektiven Anforderungen, welche weder in der Produktbeschreibung noch in einer Bezugsurkunde „versteckt" ist. Nicht erforderlich ist eine weitere Urkunde, die lediglich die Abweichung thematisiert. Im Regelfall dürfte sich die Verortung einer negativen Beschaffenheitsvereinbarung im Sinne von § 476 Abs. 1 S. 2 Nr. 2 BGB in einer Anlage im Sinne von § 9 Abs. 1 S. 2 BeurkG empfehlen, da hierdurch die gebotene „gesonderte Vereinbarung" betont wird. Ausreichend ist jedoch auch ein eigener Absatz in der Haupturkunde.[45] Anders als offenbar in anderen europäischen Rechtsordnungen (z.B. Italien)[46] muss der gesonderte Willensentschluss nicht durch eine zweite Unterschrift dokumentiert werden. Bei beurkundungsbedürftigen Rechtsgeschäften ist durch das einzuhaltende Beurkundungsverfahrensrecht sichergestellt, dass die Unterschrift sämtliche Willenserklärungen des Verbrauchers unabhängig von deren Verortung in der Urkunde,

---

45 Gegen über das „Eindeutigkeitspostulat" abgeleitete Anforderungen an „gesondert" *Rachlitz/Kochendörfer/Gansmeier*, Mangelbegriff (Fn. 28), S. 713.
46 Vgl. in diesem Band S. *Laimer*, S. 29 f. Der Wortlaut der maßgeblichen kaufrechtlichen Norm ähnelt freilich dem Wortlaut von § 476 Abs. 1 S. 2 Nr. 2 BGB: **Art. 130 Abs. 4 Codice del consumo**
Non vi è difetto di conformità ai sensi dell'articolo 129, comma 3, e dell'articolo 130, comma 2, se, al momento della conclusione del contratto di vendita, il consumatore era stato specificamente informato del fatto che una caratteristica particolare del bene si discostava dai requisiti oggettivi di conformità previsti da tali norme e il consumatore ha espressamente e separatamente accettato tale scostamento al momento della conclusione del contratto di vendita.

ihren Anlagen und den in Bezug genommenen Urkunden einschließt.[47] Sofern die negative Beschaffenheitsvereinbarung in einer Anlage im Sinne von § 9 Abs. 1 S. 2 BeurkG enthalten ist, mag sich gleichwohl eine gesonderte Unterzeichnung durch die Parteien anbieten.

4. Keine AGB-rechtliche Inhaltskontrolle der negativen Beschaffenheitsvereinbarung

Werden die Anforderungen an negative Beschaffenheitsvereinbarungen in § 476 Abs. 1 S. 2 bzw. § 327 Buchst. h BGB eingehalten, wird mitunter die getroffene Vereinbarung zusätzlich der AGB-Kontrolle nach §§ 305 ff. BGB unterworfen.[48] Richtig ist insoweit, dass jedenfalls der Rechtsgedanke von § 305 Buchst. c BGB und das in § 307 Abs. 1 S. 2 BGB normierte Transparenzgebot in die Tatbestandsmerkmale der vorgenannten Vorschriften hineinzulesen sind.[49] Ob darüber hinaus eine Inhaltskontrolle negativer Beschaffenheitsvereinbarungen in Betracht kommt, erscheint indes zweifelhaft. Unstreitig sind Abreden, die unmittelbar den Gegenstand der Hauptleistungspflicht betreffen (sog. Leistungsbeschreibungen), also „Bestimmungen, die Art, Umfang und Güte der geschuldeten Leistung festlegen", gem. § 307 Abs. 3 S. 1 BGB nicht kontrollfähig.[50] Hiervon zu unterscheiden sind nach Ansicht des BGH (Preis-)Nebenabreden, „die zwar mittelbare Auswirkungen auf Preis und Leistung haben, an deren Stelle aber im Fall der Unwirksamkeit dispositives Recht treten kann."[51] Allein am Maßstab des § 307 Abs. 3 S. 1 BGB gemessen, wären negative Beschaffenheitsvereinbarungen daher in der Regel kontrollfähig, da an Stelle der vereinbarten Beschaffenheit die nach dem Vertrag vorausgesetzte oder die übliche Beschaffenheit treten könnte.

---

47 *T. Pfeiffer*, Neues Kaufrecht – Die Umsetzung der Warenkaufrichtlinie in Deutschland, GPR 2022, 223 (226).
48 So *G. Spindler*, Umsetzung der Richtlinie über digitale Inhalte in das BGB, MMR 2021, 451 (456 f.); *F. Rieländer*, Leistungsstörungen im Digitalvertragsrecht – Teil I. Zur Umsetzung der Digitale-Inhalte-Richtlinie im BGB, GPR 2021, 257 (270); *Bernzen/Specht-Riemenschneider*, Erman BGB (Fn. 37), § 327 Buchst. h Rn. 17; *K. Kaesling* in: jurisPK-BGB, Stand 3.5.2023, § 327 Buchst. h Rn. 11; differenzierend nach Hauptleistungspflichten und Nebenabreden *Heinze*, Staudinger (Fn. 40), § 327 Buchst. h Rn. 13, § 327 Buchst. h Rn. 20.
49 Ähnlich mit Blick auf die Transparenzanforderungen *Spindler*, Umsetzung (Fn. 48), S. 456 f.; *Rieländer*, Digitalvertragsrecht (Fn. 48), S. 270.
50 BGH NJW 2019, 1446 Tz. 30.
51 BGH NJW 2019, 1446 Tz. 30.

Hielte man eine AGB-rechtliche Inhaltskontrolle danach für grundsätzlich anwendbar, wäre diese angesichts des Anwendungsbereichs der § 476 Abs. 1 S. 2 bzw. § 327 Buchst. h BGB (Verbraucherverträge) wegen § 310 Abs. 3 BGB stets vorzunehmen. Dies darf aufgrund des Spezialitätsverhältnisses freilich nicht dazu führen, dass negative Beschaffenheitsvereinbarungen, welche die Anforderungen von § 476 Abs. 1 S. 2 bzw. § 327 Buchst. h BGB erfüllen, wegen Abweichung von wesentlichen Grundgedanken der gesetzlichen Regelung (§ 307 Abs. 2 BGB) als unangemessen benachteiligend angesehen werden. Denn derartige Abweichungen sollen durch § 476 Abs. 1 S. 2 bzw. § 327 Buchst. h BGB unter strengen Voraussetzungen gerade ermöglicht werden.[52] Für die Klauselverbote der §§ 308, 309 BGB kann richtigerweise nichts anderes gelten. Um Friktionen und Wertungswidersprüche zu vermeiden, erscheint ein Verzicht auf die Inhaltskontrolle von negativen Beschaffenheitsvereinbarungen mit Blick auf das Spezialitätsverhältnis konsequent. In Extremfällen, denen man nicht durch die formalen Hürden in § 327 Buchts. h, § 476 Abs. 1 S. 2 BGB beizukommen vermag, mag man auf die Generalklauseln des BGB zurückgreifen.

5. Vermeidungsstrategien

Gerade bei Mangelsymptomen im Fall von mitverkauften beweglichen Sachen wurden in der Gestaltungsliteratur Strategien erwogen, eine Enthaftung des Verkäufers unter gleichzeitiger Vermeidung der strengen Anforderungen an negative Beschaffenheitsvereinbarungen herbeizuführen. Nicht zielführend ist insoweit der Verzicht darauf, einen gesonderten Kaufpreis für das Mobiliar auszuweisen, da dies nichts daran ändert, dass über den gesamten Vertragsgegenstand ein Kaufvertrag geschlossen wurde, auf den die §§ 474 ff. BGB Anwendung finden. Eine Schenkung des Mobiliars dürfte im absoluten Regelfall den Parteiwillen nicht zutreffend abbilden, da aus Sicht des Verkäufers eine isolierte Schenkung nur der beweglichen Sachen ohne gleichzeitigen Verkauf der Immobilie ausscheiden wird. Allein denkbar ist eine Vereinbarung, wonach der Verkäufer lediglich nicht verpflichtet wird, bestimmte bewegliche Sachen bis zum Besitzübergang zu räumen, welche aufschiebend bedingt mit übereignet werden. Durch eine derartige Vereinbarung hat der Käufer freilich keine Gewissheit, dass er bestimmte

---

52 Ebenso *A. Metzger* in: MüKoBGB, 9. Aufl., München 2022, § 327 Buchst. h Rn. 7; wohl hiermit sympathisierend *Heinze*, Staudinger (Fn. 40), § 327 Buchst. h Rn. 20.

Mobilien später tatsächlich erwirbt, was im absoluten Regelfall nicht interessengerecht ist.[53]

V. Aktualisierungspflichten nach § 327 Buchst. e Abs. 2 und Abs. 3 sowie § 475 Buchst. b Abs. 3 und Abs. 4 BGB

Änderungen bzw. Gestaltungsbedarf haben die beiden Richtlinien aber auch im Hinblick auf Verträge gebracht, die digitale Produkte (§§ 327 ff. BGB) bzw. Waren mit digitalen Elementen (§ 475 Buchst. b BGB) zum Gegenstand haben. Die Verortung der neuen Regelungen teilweise im Allgemeinen Schuldrecht und teilweise im Recht des Verbrauchsgüterkaufs resultiert daraus, dass der deutsche Gesetzgeber die beiden Richtlinien getrennt in nationales Recht umgesetzt hat, ungeachtet dessen, dass die jeweiligen Regelungen in großen Teilen inhaltlich übereinstimmen.

1. Abgrenzung der Anwendungsbereiche (§§ 327 ff. vs. §§ 475 Buchst. a ff. BGB)

Während §§ 475 Buchst. b ff. BGB für einen Verbrauchsgüterkauf einer Ware mit digitalen Elementen einschlägig sind, in der notariellen Gestaltungspraxis also in erster Linie die Konstellation betreffen, dass im Rahmen eines Immobilienkaufvertrags bewegliche Sachen mit digitalen Elementen mit verkauft werden (z.B. smarter Kühlschrank), erstreckt sich der Anwendungsbereich der §§ 327 ff. BGB auf alle sonstigen Verbraucherverträge, welche die Bereitstellung digitaler Produkte durch einen Unternehmer gegen Zahlung eines Preises zum Gegenstand haben (vgl. § 327 Abs. 1 S. 1 BGB). Verträge, deren Inhalt sich hierauf beschränkt, dürften freilich kaum je beurkundet werden. Der Anwendungsbereich der §§ 327 ff. BGB erstreckt sich gemäß § 327 Buchst. a Abs. 1 S. 1, Abs. 2 S. 1 BGB indes auch auf Verbraucherverträge, die zwischen denselben Vertragsparteien abgeschlossen werden und neben der Bereitstellung digitaler Produkte die Bereitstellung anderer Sachen oder Dienstleistungen zum Gegenstand haben (Paketverträge), sowie auf Verbraucherverträge über Sachen, die digitale Produkte enthalten oder mit ihnen verbunden sind. Bei derartigen Verträgen kommt es zu einer Spaltung der Rechtsregime. Die §§ 327 ff. BGB sind gemäß

---

53 Vgl. *Herrler,* Schuldrechtsreform (Fn. 6), S. 516 f.

§ 327 Buchst. a Abs. 1 S. 2, Abs. 2 S. 2 BGB nur auf diejenigen Bestandteile des Vertrags anzuwenden, welche die digitalen Produkte betreffen; für die übrigen Bestandteile gilt das allgemeine Schuldrecht bzw. die spezielleren Regelungen für den betreffenden Vertragstypus im besonderen Schuldrecht (Spaltung der Rechtsregime).[54] Zentraler Anwendungsfall der §§ 327 ff. BGB dürfte in der notariellen Praxis der Bauträgervertrag sein, sofern der Unternehmer neben seinen analogen Leistungspflichten Smart Home Applikationen schuldet.

2. Aktualisierungspflicht und Aktualisierungszeitraum

In allen Fällen von Grundstückskauf- bzw. Bauträgerverträgen, die zugleich digitale Produkte enthalten, besteht die wesentliche Neuerung und das – in der Praxis bislang wohl wenig beachtete – Risiko für den Unternehmer darin, dass jenen eine über den Zeitpunkt des Gefahrübergangs hinausgehende Aktualisierungspflicht trifft und sich derartige Verträge insoweit als Dauerschuldverhältnis darstellen. Der Unternehmer hat dafür zu sorgen, dass Aktualisierungen im vertraglich vereinbarten bzw. demjenigen Zeitraum bereitgestellt werden, den der Verbraucher aufgrund der Art und des Zwecks des digitalen Produkts und unter Berücksichtigung der Umstände und der Art des Vertrags erwarten kann (vgl. § 327 Buchst. e Abs. 2 Nr. 3, Abs. 3 S. 1 Nr. 5 i.V.m. § 327 Buchst. f Abs. 1 bzw. § 475 Buchst. b Abs. 3 Nr. 2, Abs. 4 Nr. 2 BGB). Während die subjektiven Anforderungen im Sinne des vertraglich vereinbarten Aktualisierungszeitraums gut handhabbar sind, führt die Anwendbarkeit der objektiven Anforderungen in dem nach den Umständen des Einzelfalls vernünftigerweise zu erwartenden Aktualisierungszeitraum zu einer erheblichen Rechtsunsicherheit und zu potenziell langen Aktualisierungszeiträumen.[55]

---

54 Näher *J. Blassl*, Neues digitales Zivilrecht – Teil II, WM 2023, 1907 (1909 ff.).
55 *Faust*, BeckOK BGB (Fn. 18), § 475 Buchst. b Rn. 26; *Metzger*, MüKoBGB (Fn. 52), § 327 Buchst. h Rn. 10; *J. Kühner/C. Piltz*, Die Updatepflicht für Unternehmen in Umsetzung der Digitale Inhalte Richtlinie, CR 2021, 1 (6). Exemplarisch *J. Lieder* in: S. Herrler u.a. (Hrsg.), Aktuelles Immobilienrecht München 2022, S. 77: 40-jährige Lebenserwartung von Fußbodenheizungen.

3. (Negative) Beschaffenheitsvereinbarung (§ 327 Buchst. h, § 476 Abs. 1 S. 2 BGB)

Im absoluten Regelfall dürfte daher bei Bauträgerverträgen, die in den Anwendungsbereich der §§ 327 ff. BGB fallen, eine Vereinbarung darüber geboten sein, ob der Unternehmer überhaupt Aktualisierungen schuldet und wenn ja, für welchen Zeitraum. Ein kompletter Ausschluss der Aktualisierungspflicht ist grundsätzlich möglich, aber im Regelfall nicht empfehlenswert und dürfte am Markt auch nur schwer durchsetzbar sein, da der Verbraucher dann damit rechnen muss, dass die digitalen Produkte zeitnah nach Gefahrübergang nicht mehr zweckentsprechend nutzbar sind. Im Interesse der Rechtssicherheit und der Abgrenzung der Risikosphären zweckmäßig dürfte eine zeitliche Begrenzung der Aktualisierungspflicht sein, die sich beim Bauträgervertrag am werkvertraglichen Gewährleistungsregime (fünf Jahre) orientieren könnte. Sofern hiermit eine Verkürzung des andernfalls objektiv gebotenen Aktualisierungszeitraums verbunden ist, hat die betreffende Abrede die oben dargestellten Anforderungen an negative Beschaffenheitsvereinbarungen zu erfüllen (vgl. Abschnitt IV).

4. Problem Gesamtrücktritt, § 327 Buchst. m Abs. 5 BGB

Kommt der Unternehmer seiner Aktualisierungspflicht nicht nach, kann der Verbraucher den Vertragsteil betreffend das digitale Produkt nach Maßgabe von § 327 Buchst. m Abs. 1 BGB beenden; die analoge Komponente des Vertrags (Werkleistung in Gestalt der Immobilie) bleibt hiervon grundsätzlich unberührt. Allerdings eröffnet § 327 Buchst. m Abs. 5 BGB dem Verbraucher die Möglichkeit, sich gänzlich vom Vertrag zu lösen, wenn sich die Sache aufgrund des Mangels des digitalen Produkts nicht (mehr) zur gewöhnlichen Verwendung eignet. Schuldet der Unternehmer im Fall einer smarten Steuerung der Fußbodenheizung mangels konkreter Vereinbarungen des Aktualisierungszeitraums beispielsweise 40 Jahre lang Aktualisierungen und erfüllt er diese Pflicht ab dem Jahr 20 nicht mehr, mit der Folge, dass die Fußbodenheizung nicht mehr zu steuern ist (auch nicht analog), dürfte wohl ein Fall des § 327 Buchst. m Abs. 5 BGB vorliegen und ein Gesamtrücktritt vom Bauträgervertrag möglich sein. Um ein derartiges Szenario auszuschließen, empfiehlt sich stets die Vereinbarung eines überschaubaren Aktualisierungszeitraums, zumal es der Unternehmer nicht in allen Fällen in der Hand haben wird, die Aktualisierung eines digitalen Produkts, das er selbst zugekauft hat, auch noch lange Zeit nach Gefahrübergang sicherzustellen. Eine Abbedingung von § 327 Buchst. m Abs. 5 BGB kommt gem. § 327 Buchst. s BGB nicht in Betracht.

Der Anwendungsbereich von § 327 Buchst. m Abs. 5 BGB ist indes nicht eröffnet, wenn der Verbraucher das digitale Produkt von dritter Seite zukauft, ohne dass der Unternehmer in diesen Vorgang eingebunden ist. Sieht der Bauträgervertrag vor, dass der Verbraucher digitale Produkte von dritter Seite zu kaufen kann, gelten freilich die allgemeinen Grundsätze, d.h. der Dritte haftet für die ordnungsgemäße Ausführung und den Bauträger treffen Vorbereitungs- und Koordinierungspflichten.[56] Die letztgenannten Pflichten des Bauträgers dürften sich allerdings nicht über den Zeitpunkt des Gefahrübergangs hinaus erstrecken. Es muss sichergestellt sein, dass der Verbraucher eine bei Übergabe mangelfreie Immobilie unter Berücksichtigung der digitalen Produkte erhält. Die Aktualisierungspflicht trifft allein den Dritten. In interessengerechter Abgrenzung der Risikosphären wäre es unangemessen, den Bauträger, der den Einbau des digitalen Elements in die Immobilie ordnungsgemäß koordiniert hat, für die Erfüllung der Aktualisierungspflicht im Aktualisierungszeitraum gemäß § 327 Buchst. m Abs. 5 BGB in die Haftung zu nehmen, welche allein im Verhältnis Verbraucher und Drittunternehmer besteht und außerhalb seiner Sphäre liegt.[57]

VI. Ergebnisse

1. In richtlinienkonformer Auslegung setzt eine Beschaffenheitsvereinbarung im Sinne von § 434 Abs. 2 S. 1 Nr. 1 BGB – in Abweichung des bislang vom BGH in ständiger Rechtsprechung zugrunde gelegten Verständnisses – lediglich voraus, dass die Parteien diese zum Vertragsinhalt gemacht, also die Beschaffenheit der Sache verbindlich beschrieben haben.

2. Die bislang aus einer Beschaffenheitsvereinbarung abgeleiteten Folgen, die Indikation für eine erhebliche Pflichtverletzung im Sinne von § 281 Abs. 1 S. 3 bzw. § 323 Abs. 5 S. 2 BGB und der Vorrang vor einem allgemeinen Haftungsausschluss, beruhen auf dem vormaligen Verständnis der Beschaffenheitsvereinbarung als einer Gewährsübernahme und

---

56 Vgl. *C. Esbjörnsson* in: H. Heckschen u.a. (Hrsg.), Beck'sches Notarhandbuch, 8. Aufl., München 2023, § 2 Rn. 95.
57 Abweichend in diesem Band *M. Schmidt-Kessel*, S. 82.

einem unbedingten Einstehenwollen bei Fehlen der betreffenden Eigenschaft und können daher nicht ohne weiteres aus der bloßen vertraglichen Vereinbarung einer Eigenschaft abgeleitet werden. Vorstehendes gilt erst recht für eine nach dem Vertrag vorausgesetzte Verwendung im Sinne von § 434 Abs. 2 S. 1 Nr. 2 BGB, ungeachtet deren systematischen „Aufwertung" als subjektive Anforderung an die Soll-Beschaffenheit.
3. Entgegen der Auffassung des BGH muss eine nach dem Vertrag vorausgesetzte Verwendung mit Blick auf den Normzweck des Formgebots in § 311 Buchst. b Abs. 1 BGB in der notariellen Urkunde einen zumindest unvollkommenen Ausdruck gefunden haben. Entgegen der ständigen Rechtsprechung des V. Zivilsenats des BGH gilt dies ebenfalls für Werbeaussagen gem. § 434 Abs. 3 S. 1 Nr. 2 Buchst. b BGB.
4. Die Sondervorschriften für den Verbrauchsgüterkauf (§§ 474 ff. BGB) sind auch auf Immobilienkaufverträge anwendbar, bei denen mitverkaufte bewegliche Sachen vielfach nur von untergeordneter Bedeutung sind.
5. Für eine negative Beschaffenheitsvereinbarung im Sinne von § 476 Abs. 1 S. 2 BGB ist es mit Blick auf die bezweckte Sensibilisierung des Verbrauchers in aller Regel ausreichend, wenn diesem mitgeteilt wird, dass die Kaufsache in einem bestimmten Punkt möglicherweise von den objektiven Anforderungen abweicht. Unbeschadet der Pflichten nach § 17 BeurkG kann der Hinweis auf eine Abweichung materiell-rechtlich bis unmittelbar vor Vertragsschluss erfolgen. Für die erforderliche ausdrückliche und gesonderte Vereinbarung bietet sich deren Verortung in einer Anlage im Sinne von § 9 Abs. 1 S. 1 BeurkG an; ausreichend ist jedoch ebenfalls ein eigener Absatz in der Haupturkunde.
6. Sofern die Anforderungen an negative Beschaffenheitsvereinbarungen im Sinne von § 327 Buchst. h, § 476 Abs. 1 S. 2 BGB erfüllt sind, ist kein Raum für eine Inhaltskontrolle am Maßstab der §§ 307–309 BGB. In Extremfällen, denen nicht durch die formalen Hürden in § 327 Buchst. h, § 476 Abs. 1 S. 2 BGB beizukommen ist, mag man auf die Generalklauseln des BGB zurückgreifen.
7. Mit Blick auf digitale Elemente eines Vertrags besteht das in der notariellen Gestaltungspraxis bislang wohl wenig beachtete Risiko für den Unternehmer darin, dass diesen in allen Fällen von Grundstückskauf- bzw. Bauträgerverträgen, die zugleich digitale Produkte enthalten, eine über den Zeitpunkt des Gefahrübergangs hinausgehende Aktualisierungspflicht trifft und sich derartige Verträge insoweit als Dauerschuldverhältnis darstellen. Gerade der nach objektiven Kriterien zu bestimmende

Aktualisierungszeitraum kann im Einzelfall sehr lange sein. Im schlechtesten Fall können unterbliebene Aktualisierungen für wesentliche Steuerungselemente der Immobilie (z.B. Fußbodenheizung) den Verbraucher gemäß § 327 Buchst. m Abs. 5 BGB viele Jahre nach Gefahrübergang gar zum Gesamtrücktritt vom Vertrag berechtigten. Daher empfiehlt sich im absoluten Regelfall, auch im Interesse der Rechtssicherheit und Rechtsklarheit, eine Vereinbarung des Aktualisierungszeitraums, für welchen die Anforderungen an negative Beschaffenheitsvereinbarungen zu beachten sind, sofern der vereinbarte Aktualisierungszeitraum kürzer ausfällt als der nach objektiven Kriterien zu bestimmende Aktualisierungszeitraum.